カーボンニュートラル実行戦略：

電化と水素、アンモニア

戸田 直樹／矢田部 隆志／塩沢 文朗

IMPLEMENTATION OF CARBON NEUTRAL STRATEGY

ELECTRIFICATION, HYDROGEN & AMMONIA

はじめに

　2020 年 10 月 26 日、菅義偉首相は臨時国会冒頭の所信表明演説で、2050 年までに温室効果ガスの排出を実質ゼロにする目標を掲げた。それまでの日本政府の公式な目標は、2019 年 6 月に閣議決定された「パリ協定に基づく成長戦略としての長期戦略」による「2050 年に温室効果ガス 80％削減」「今世紀後半のできるだけ早期の脱炭素社会の実現」であり、これを大きく前倒しする目標を表明したことになる。

　折しも、エネルギー基本計画の改定の議論が始まろうとしている時期の表明である。現在の第 5 次エネルギー基本計画は、2030 年までの目標はほぼ第 4 次の計画を踏襲しているが、第 6 次では大幅な変更となりそうだ。他方、2030 年以降については、「2050 年までに温室効果ガスを 80％削減する」という目標を掲げつつも、野心的な目標であり、非連続なイノベーションなしでは実現困難という認識のもと、イノベーションの実現には不確実性が伴うので、個別の数値目標を設定したり、単一のシナリオに決め打ちしたりすることは回避していた。その代わりに、野心的シナリオを複数用意したうえで、あらゆる選択肢を追求することを方針として掲げ、最新情報と技術の動向に基づいた科学的なレビューを随時行っていくことを掲げている。

　しかし、前述のように、最終目標である脱炭素社会の 2050 年実現を目指すことを表明した以上、ある程度シナリオを絞り込むことは、不可避なのではないかと思われる。本書は、おそらくは最有力と思われるひとつのシナリオに基づいて、脱炭素社会のエネルギーについて書かせていただいた。それは、「エネルギーの電化＋水素化」である。「水素化」とは、気体または液体の水素（H2）をそのまま燃料として用いるだけでなく、エネルギーキャリアの形で用いることも含めており、むしろ、そのような活用方法のほうが有望と考えている。電気は、化石燃料フリーの一次エネルギーから作られる電気であり、水素も多くは、そのような電気から作られる

二酸化炭素（以下 CO2）フリーの水素を想定している。

　本書の筆者も参加して 2017 年に上梓された『エネルギー産業の 2050 年 Utility3.0 へのゲームチェンジ』（日本経済新聞出版社、以下『Utility3.0 本』）も「発電の脱炭素化×需要の電化・水素化＝脱炭素社会」というコンセプトに言及していた。そこでは、商業ベースにのっている技術だけを前提としても、「発電の脱炭素化×需要の電化」で 70％程度の CO2 削減が可能なことを示したが、脱炭素社会実現までも想定すると、更なる電化技術の開発・実装が必要である。また、このシナリオのもうひとつの柱である水素化は、『Utility3.0 本』では、ほとんど言及をしなかった。

　以上を踏まえて、本書は以下の構成とした。

　第 1 章は、脱炭素社会に至る有力シナリオである、電気の一次エネルギー化の考え方を説明する。ここでは、最終需要端で用いられるエネルギーは、電気または水素（キャリアを含む）になる。水素ももとをたどれば、CO2 フリーの電気から作られているから、広い意味では電化であり、「間接電化」とも呼ばれる。今まで二次エネルギーと位置付けられていた電気が、もはや一次エネルギーとなる世界といえる。なお、「電気の一次エネルギー化」は脱炭素社会に至ったエネルギーシステムの最終形を示す概念であり、実践的な内容である第 2 章、第 3 章では、従来どおり電気を二次エネルギーとして表現している。

　第 2 章は、需要の電化の実践について論じる。家庭、オフィス、モノづくりと、その輸送といった、エネルギーを利用する局面ごとの課題と取り組み、そして、供給と需要をつなぐエネルギーネットワークの役割を取り上げる。ここでいう電化は間接電化であるため、ネットワークには水素の流通網も含む。

　第 3 章は、水素エネルギーについて、とりわけ昨今、有望技術であることがわかってきた CO2 フリー燃料、水素エネルギーキャリアとしてのアンモニアについて述べる。内閣府の戦略的イノベーション創造プログラム（SIP）の 1 テーマとして、本書の筆者である塩沢がサブ・プログラムデ

ィレクターとして参画して実施された、SIP「エネルギーキャリア」(2014
〜 2018 年度) の成果を含め、そこで明らかにされたアンモニアの将来性
を紹介する。

　第 4 章は、「電気の一次エネルギー化」のもとで、日本のエネルギー供
給はどのようになるか考察する。日本は既に人口減少時代に入り、人口減
少に伴いエネルギー需要も減少していくと想定されるが、脱炭素社会にお
いては、エネルギーの大半が電気由来となるので、大量の CO_2 フリーの
電気が必要となる。この需要に応えるための想定される技術の組み合わせ
を検討してみた。

　菅首相による「2050 年までに温室効果ガスの排出を実質ゼロにする目
標」の宣言を受け、2020 年末に公表された「2020 年カーボンニュートラ
ルに伴うグリーン成長戦略」では、「電力部門の脱炭素化は大前提」とし
つつ、『電力部門以外は「電化」が中心。熱需要には「水素化」「CO_2 吸収」』
と明記された。今後検討が本格化する第 6 次エネルギー基本計画の議論
は、需要側の電化・水素化をいかに推進していくか、その前提となる大量
の CO_2 フリー電気のニーズにどう応えるか、の 2 点が議論の中心となる
と筆者は受けとめている。そして、本書は、このような第 6 次エネルギー
基本計画の議論に対して、建設的な提案を行うことを目的としている。本
書が実り多いエネルギー政策の議論の一助になれば、望外の喜びである。

2020 年 12 月吉日

筆者を代表して　戸田 直樹

第1章

脱炭素社会に至る
電気の一次エネルギー化

1.1 脱炭素社会実現に必須な 「発電の脱炭素化×需要の電化」

　2015 年に採択されたパリ協定を受けて、主要国が相次いで野心的な温室効果ガス排出削減目標を打ち出している。日本政府も 2019 年 6 月に「パリ協定に基づく成長戦略としての長期戦略」を閣議決定・公表したのに続き、2020 年 10 月には、菅義偉首相が臨時国会冒頭の所信表明演説で、長期戦略の目標を前倒しして、2050 年までに温室効果ガスの排出を実質ゼロにする目標を掲げた。脱炭素社会の実現は、現在の取り組みの延長線で

図表 1-1　主要国の長期戦略の比較

		米国	カナダ	英国	フランス	ドイツ
コンセプト（柔軟性の確保）		削減目標に向けた野心的ビジョン（足下での政策立案を意図するものではない）	議論のための情報提供（政策の青写真ではない）	経路検討による今後数年の打ち手の参考（長期予測は困難）	目標達成に向けたあり得る経路（行動計画ではない）	排出削減に向けた方向性を提示（マスタープランを探索するものではない）
目標・政策方向性	削減目標	▲80%以上（2005年比）	▲80%（2005年比）	▲80%以上（1990年比）	▲75%（1990年比）	▲80〜95%（1990年比）
	ゼロエミ 変動再エネ	●インフラ・規制両面で支援必要（再エネ全体で55〜65%）	●風力・太陽光、水力も更に拡大必要（再エネ全体で50〜80%）	●洋上風力など新規市場参入を支援	●再エネ統合のために更なる柔軟性が必要	●変動再エネをセクターカップリングで最適化（再エネ全体で80%）
	ゼロエミ 安定再エネ・原子力	●運転延長＆次世代原子力投資が必要（17〜26%）	●今後15年下原子力に250億ドル投資予定（5〜50%）	●次世代原子力の開発等に向けたイノベーションを支援	●原子力比率50%へ（エネルギー転換法）	
	ゼロエミ 火力（CCS・水素）	●幅を持った想定（CCS: 0〜25%）	●CCS付含めて想定（CCS: 0〜10%）	●2025年までにCCSが無い石炭火力廃止	●極端なゼロエミ化シナリオではCCSが不可欠	●石炭火力新設を支援しない
	熱・輸送の電化・水素化	●電化が進展（45〜65%）	●各分野での電化は排出削減に不可欠（40〜72%）	●ヒートポンプ・EVの普及推進	●省エネ促進の為電化が重要	●自動車・民生熱利用の電化（30%程度）
	CCUS活用	●水素は電化困難な分野で重要な役割を担う可能性	●CCUS技術を先導 ●各産業部門でCCS示範 ●重工業・船舶で水素活用の可能性あり	●CCUS技術を先導 ●水素はFCV、産業と民生の熱供給に利用	●多排出産業でCCS活用	●水素・CCUSは重工業分野での脱炭素化に貢献
	省エネ	●エネルギーシステム全体で効率向上必要（▲24〜30% 2005年比）	●エネルギーシステム全体で効率向上必要（▲5〜35% 2014年比）	●全ての家庭の省エネ性能を一定水準まで引き上げ必要	●各分野における大幅な省エネ必要（▲50% 1990年比）	●経済成長とエネ消費の強いデカップリングが必要（▲50%2008年比）
	海外貢献	●米国製品の市場拡大を通じた貢献	●国際貢献を視野（0〜15%）	●環境投資で世界を先導	●仏企業の国際開発支援を通じて貢献	●途上国投資機運の維持・強化
実行のメカニズム		定期的レビュー	定期的レビュー	カーボンバジェット	カーボンバジェット	科学的な検証・公共との対話

※定量値は長期戦略中のシナリオの幅や各国個別目標値等。

出所：総合資源エネルギー調査会基本政策分科会（第 27 回）資料 1「第 5 次エネルギー基本計画（案）の構成等」（2018年 5 月）

は到底不可能な目標であり、非連続なイノベーションを通じて環境と成長の好循環を実現することが必要となる。

　パリ協定を受け、主要国が国連の気候変動枠組条約事務局に提出した長期戦略などの比較を図表 1-1 に示す。各国とも日本と同様に野心的な温室効果ガス排出削減目標を打ち出しており、エネルギー需要の電化の推進を温室効果ガス排出削減のための重要な政策として掲げている。

　昨今、風力、太陽光などの再生可能エネルギー（再エネ）発電のコストが世界的に劇的に低下しており、長期戦略でも再エネの主力電源化を重要な政策としている。これはいうまでもなく電気の低炭素化を進展させるが、他方、日本の最終エネルギー消費に占める電気の割合（電化率）は現在30%弱である。これは、海外諸国に比べて低いわけではないが、最終エネルギー消費の7割は化石燃料を需要場所で燃焼させているのであり、これらの需要への対策なしに電源の低炭素化だけを進めても、CO2 の削減効果には限界がある。CO2 の大幅な削減のためには、「電力供給サイドで電源の低炭素化を進める」とともに、「需要サイドで電化技術への置換を進める」ことが必要である。

　本書の筆者も参加して 2017 年に上梓された『Utility3.0 本』では、現在

図表 1-2　「発電の脱炭素化×需要の電化」のポテンシャル

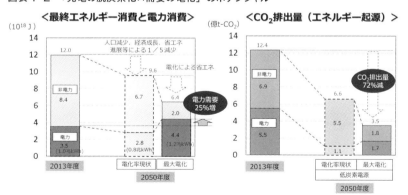

出所：竹内純子ほか『エネルギー産業の 2050 年　Utility3.0 へのゲームチェンジ』（2017 年 9 月）

商業ベースに乗っている電力利用技術だけを前提としても、「発電の脱炭素化×需要の電化」で70％程度のCO2削減が可能なことを示している（図表1-2）。

　他方、脱炭素社会実現までも想定すると、更なる電化技術の開発・実装が必要である。加えて、電化技術が利用できない需要については、化石燃料由来でない燃料を開発・実装する必要がある。また、太陽光発電（以下PV）や風力発電など自然変動型の再エネ電源の出力変動を調整するために火力発電所の運転が引き続き必要であるならば、その燃料を化石燃料由来でない燃料に置換していくことが必要である。そのような燃料の有力候補が水素である。ここでいう水素は、気体または液体の水素をそのまま燃料として活用するだけでなく、エネルギーキャリアの形で活用することも含む。

1.2　電気の一次エネルギー化と間接電化

　エネルギー需要の電化・水素化を推進することは脱炭素社会に至る有力な手段である。必須の手段といってもよい。電化・水素化を突き詰めると、エネルギーシステムは「電気の一次エネルギー化」に至る。水素化といっても、CO2フリーのエネルギーで作られた水素でないと意味がないので、再エネや原子力の電気による水の電気分解から作られた、CO2フリー水素が大半を占めることになる。つまり、需要端で使われるエネルギーの大本は電気という世界になる。「電気は、さまざまな一次エネルギーを変換して作る二次エネルギー」というこれまでの常識が変わり、電気が支配的な一次エネルギーになる世界、すなわち「電気の一次エネルギー化」である。図表1-3にそのイメージを示す。現状よりも最終需要における電化率が大きく上昇する一方で、①電化が難しい高温の熱需要、②鉄鋼業、石油化学工業などで原材料として用いられる化石燃料、③調整力の役割を担う

火力発電の燃料──が水素由来の燃料に置換される。このうち、①と②は
需要場所では燃料を使っているが、燃料の大本をたどると非化石発電の電
気に由来するので、間接的ではあるが、実質的に電化したと見なすことが
できる。このようなエネルギー転換を「間接電化」と呼ぶ。

　「電気の一次エネルギー化」のもとで、エネルギーのサプライチェーン
も様変わりする。図表1-4がそのイメージである。つまり、発電から延び
るチェーンが今までは、この①のチェーン、すなわち電気として需要場所

図表 1-3　電気の一次エネルギー化

![図表1-3]

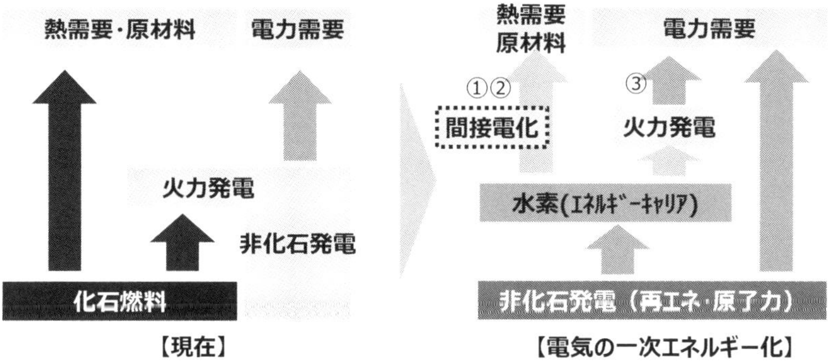

出所：筆者作成

図表 1-4　電気の一次エネルギー化によるサプライチェーンの変化

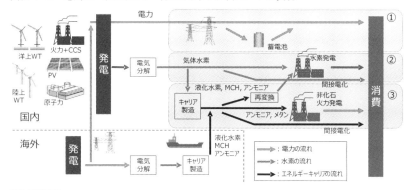

出所：筆者作成

まで流通することに尽きていたが、①電気のまま活用、②水素に転換し活用、③水素エネルギーキャリアに転換し活用、の3つに枝分かれしていく。このようにエネルギーのサプライチェーンが多様化するのは、電気のサプライチェーンと水素のサプライチェーンが融合するからであるが、水素と融合することは脱炭素社会に向けた日本のエネルギーシステムにいくつか重要なメリットをもたらす。

第1に、これは既に述べているが、燃料を電気利用技術で置換でないエネルギー需要について、間接電化による脱炭素化を進めることができる。

第2に、再エネの出力変動を調整する手段を提供する。風力発電やPVのような自然変動性の再エネが大量に導入された電力システムでは、需要と供給をバランスさせてシステムの安定を維持することが従来よりも困難になる。そのために、既存の揚水発電所を有効に活用する、火力発電所の機動性を高める蓄電池など、需要側の資源活用を促進するなどの多様な取

図表 1-5 再生可能エネルギー発電費用の世界加重平均の推移

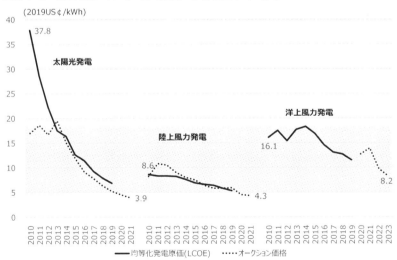

注）網掛け部分は、火力発電の燃料コストの幅を示す。
出所：IRENA（国際再生可能エネルギー機関）「Renewable Power Generation Cost in 2019」より筆者作成

り組みが行われているが、水の電解装置を需給バランスの変動に合わせて稼働させることも、電力システムの需給運用の手段として活用できる。

　第3に、そしてこれが最大のメリットと考えられるが、海外の安価な再エネ電気を輸入することが可能になる。これは国際間送電線を敷設して電気を直接輸入するのではなく、海外で再エネを活用して水素キャリアを製造し、それを海上輸送して輸入する、つまり「間接的な再エネ電気の輸入」である。例えば、豪州の広大な砂漠に太陽光パネルを敷き詰め、そこで発電する電気で水素エネルギーキャリアを作り輸入する、などが挙げられる。こうした構想は従来からあり、「水素利用国際クリーンエネルギーシステム技術（WE-NET 構想）」と呼ばれていたが、コストが壁となって実現・実装に至らず終了している。しかし、最近は、再エネのコスト低下もあり、このような構想に現実味が出てきている。

　再エネのコストは全世界的に急速に低下している。図表 1-5 は、PV、

図表 1-6　事業用 PV（Utility-scale）の建設コストの国際比較

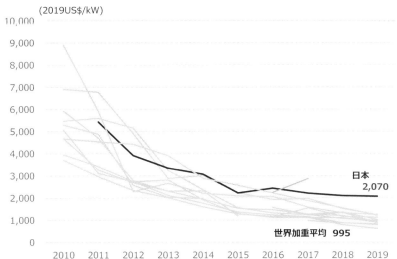

注）黒は日本、灰色は日本以外の主要国を示す。主要国は豪州、中国、フランス、ドイツ、インド、イタリア、オランダ、韓国、スペイン、トルコ、ウクライナ、英国、米国、ベトナム
出所：IRENA「Renewable Power Generation Cost in 2019」より筆者作成

陸上風力、洋上風力の発電コストの全世界の推移を示しているが、いずれも急速にコストが低下している。しかし、図表1-6にPVの例を示したが、日本の再エネは国際的には割高であるため、再エネの電気が安価な海外で水素キャリアを製造し、輸入することが、経済性を発揮する可能性がある。

　加えて、電化・間接電化が進展すると、大量のCO_2フリーの電気の需要が国内で生じる。エネルギー密度の大きい原子力発電はCO_2フリー電気の有力な供給源であるが、原子力に大きく依存することが社会的受容性の観点から難しいのであれば、必然的に再エネへの期待が高まる。他方で、面積当たりのエネルギー密度が小さい再エネのポテンシャルは、国土の狭い日本では大きいとはいえない。日本国内で再エネの電気を大量に確保しようとすると、必然的に広大な排他的経済水域を有する特徴を生かした洋上風力の開発に期待が集まる。しかし、日本は遠浅の海岸が少ないため、欧州並みの風況を求めるのであれば、沖合に浮体式洋上風力を設置する必要があり、これをコスト競争力のある形で実現することは大きなチャレンジである。再エネのポテンシャルが大きい他国から水素キャリアとして再エネを輸入することは、将来高まるであろうCO_2フリー電気の国内需要に応えるもうひとつの有力な選択肢となる。

　そのような水素キャリアとしてアンモニアが有望であることを第3章で紹介する。

[脚注]
1 電気以外のエネルギーとして可能性があるのは、バイオ燃料や人工光合成、高温ガス炉で生産された水素などであるが、多くを占めることはないと想定する。

第 2 章

電化の促進

第1章では、菅義偉首相が表明した2050年までに温室効果ガスの排出を実質ゼロにする目標に向けて、「発電の脱炭素化×需要の電化」を強力に推進していく必要があることを述べた。これから求められることは、それを実現させるためのアクションである。本章では、間接電化を含む需要の電化の推進に向け、より具体的に考えてみたい。

　海外で電化による将来シナリオを描いている企業・研究機関がある。オランダの石油大手、ロイヤルダッチシェルは、低炭素化に対する自社の戦略についての報告書「Sky Scenario」を2018年4月に公表した。このシナリオは、気候関連財務情報開示タスクフォース（TCFD）のガイドラインによるシナリオプランニングに基づいて分析されている。

　「Sky Scenario」では、2070年にはエネルギーの70％以上が再エネ由来の電気で支えられている社会になると描いている。現在は、石油を中心としたサプライチェーンであるが、2070年は、電気を中心としたサプライチェーンの社会像を示し、電気から水素などの燃料を作り、原油由来の原

図表 2-1　ロイヤルダッチシェルの「Sky Scenario」

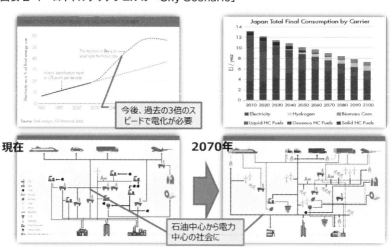

出所：Royal Dutch Shell plc「Sky Scenario」（2018）を基に筆者作成

20

材料も電気によって効率よく加工される絵姿である。

　また、米国の研究機関である米国電力研究所（EPRI）では「U.S. National Electrification Assessment」を2018年4月に公表した。同レポートでは、効率的電化（Efficient Electrification）の便益の整理、技術コスト・性能と炭素価格に関して4つのシナリオで分析している。そして、EPRIが、この時期に電化のレポートを取りまとめた理由には以下のような背景がある。

①電気機器の低コスト化と高性能化

　プラグイン自動車は、バッテリー性能の改善とコストダウンで実用性が高まった。

　デジタル化により、ヒートポンプのような技術が改善された。

②クリーンな電力

　技術革新により、発電部門からの排出量は削減されている。

　天然ガス火力発電の技術革新は、再エネや原子力発電とともに、2005年比で18%のCO_2排出削減に貢献。

③環境問題への取り組みについての社会的な合意

　局所的な大気汚染、気候変動のリスク、水資源の管理が、更なる効率的な電化を後押ししている。

　この3点の理由から電化の必要性は明確であるが、電化のためには設備の更新が必要であり、従来設備の単純更新によって革新的設備が導入できないロックイン効果（「2.2.3　経済成長を支える環境対策へ」参照）が働くことを踏まえると、社会に対して早めの周知が必要である。

　海外における取り組みを2例紹介したが、本章では、間接電化を含む需要の電化の推進に向け、具体的なテーマとして「2.1　快適な住まいと環境に優しいオフィス」と題して民生部門と呼ばれる家庭やオフィス、「2.2　モノをつくり、運ぶ」と題して産業部門の生産プロセスの高度化と運輸部門の燃料、「2.3　需要と供給を結ぶエネルギーネットワークとレジリエンス向上」と題してカーボンニュートラルに資するエネルギーネ

ットワーク、これら各々の課題と取り組みについて考えてみたい。

2.1　快適な住まいと環境に優しいオフィス

2.1.1　「我慢」から「効率化」に変わる生活スタイル
住宅の取り組み

　家庭におけるエネルギー消費のニーズは、経済の成長と利便性や快適性を求めるライフスタイルによって増大する一方、石油危機や京都議定書などをモチベーションに、省エネへの取り組みも着実に進展してきた。世帯当たりのエネルギー消費量の年次変化を見ると、1960年代から2005年ごろまでは増加の一途をたどっていたが、2010年以降は省エネの進展などが寄与する形で減少に転じ、2017年度の実績は1990年代前半の水準まで下がっている。

　省エネとは、我慢をして節約すること——かつては、そのように理解されていたのではないか。今や自動車では従来の2倍以上の燃費を誇るハイブリッド車が主流である。これは、従来のエンジンにモーターとバッテリーを追加した自動車であり、革新的技術というよりは従来からある技術を組み合わせたものだ。既存技術でも組み合わせることで画期的な省エネが可能になった実例である。同じように、住宅の中で大幅な省エネを達成できる技術があれば、今までの生活スタイルを変えることなく、毎日の生活の中で省エネが進む。

(1) 快適さに重要な温度コントロール

　冷暖房・給湯など、快適な生活を維持する用途に、非常に多くの「熱エネルギー」が用いられる。2018年における家庭部門の用途別エネルギー消費量のシェアを図表2-2に示すが、一般家庭で使われるエネルギーの半分以上が「暖房・冷房」「給湯」に必要な熱エネルギーを作るために消費

されていることがわかる。これ以外にも冷蔵庫など熱エネルギーを利用する機器は他にもある。住宅部門で省エネを効果的に進めるためには、こうした熱エネルギーを扱う機器の効率を高める必要がある。

　熱エネルギーを扱う機器のひとつは、冷暖房に用いるエアコンだ。冷房には、一般的に冷暖房兼用のエアコンが用いられている。過去20年間の各メーカーから販売される機器の効率向上は目覚しい。現在の主流は、消費する電力に対して6倍以上もの冷房エネルギーを得ることのできる機種である。冷房に関しては、機器の買い替えに合わせてこうした高効率のエアコンを選択してもらうことが重要である。

　一方、暖房には多種多様な機器が用いられている。都市ガスや灯油を燃やすファンヒーターをはじめ、こたつやホットカーペットなど電気を利用する機器もあるが、これらの機器は基本的に、消費したエネルギー以上の熱エネルギーを得ることはできない。特に電気は、現在のように火力発電が中心の場合、発電効率も加味しなければならない。電気ヒーターで暖房を行うと省エネではないのはこれに由来する。また、熱エネルギーよりも品質の高い電気エネルギーを単純な加温利用することも、感覚的にエネルギーの無駄遣いと感じやすい。

図表 2-2　2018 年での家庭部門用途別エネルギー消費量

出所：EDMC（日本エネルギー経済研究所計量分析ユニット）「エネルギー・経済統計要覧 2020」を基に筆者作成

品質の高い電気エネルギーの価値を効果的に使い、もともと空気中に存在する「使われていない熱エネルギー」を「使える熱エネルギー」に変えることができる技術が、「ヒートポンプ」である（コラム「冷暖房・給湯で大きな変化をもたらしたヒートポンプ」参照）。エアコンはヒートポンプの原理で稼働している。

　冷暖房兼用のエアコンで最新のものは、冷房と同様、消費電力の6倍以上もの熱エネルギーを得ることができる。すなわち、消費した電力以上の熱エネルギーを得ることができるということである。夏に冷房をしている部屋には、一般的にエアコンが設置されているが、それでも暖房には、石油・ガスファンヒーターを使う家庭はまだ多い。暖房もエアコンを使うことで省エネとなり、最新型の高効率エアコンに買い替えれば、さらに大きな省エネ効果が期待できる。

　エアコン以外の家電製品でも、機器の高効率化は進んでいる。例えば、冷蔵庫は24時間稼働しているため、家庭で消費する電力に占める割合は21％にも上り、電力を多く消費する機器のひとつといえる。この冷蔵庫でも、真空断熱パネルの採用などによって、ここ数年でエネルギー効率は著しく高まっている。そして冷蔵庫にもエアコン同様、ヒートポンプ技術が採用されている。

　このように、家電製品のエネルギー効率は、着実に高まっている。快適さや便利さを享受しながら省エネを達成できる環境になりつつある。さらにデジタル化の進展により、個々の家電製品をネットワークで結ぶことで利便性を高めながら、一方で、センサーなどの情報を取り込んで自動的に最適な稼働を行うことも可能にしている。より無駄を減らす対策が進み、これまでの「使わないで我慢」から「効率よく使う」へ、時代は変化している。

（2）住宅のエネルギー消費と給湯需要

　需要場所で加熱や冷暖房など熱エネルギーを得るためには2つの手段に

大別される。

* 一次エネルギーとして化石燃料を直接燃焼するケース

* 電気や水素など別の形のエネルギー（二次エネルギー）に形態を変えて熱を得るケース

注：本書では、一次エネルギーと二次エネルギーの概念の変更を提言しているが、従来どおり、化石燃料などを一次エネルギー、電気などの一次エネルギーから作られたエネルギーを二次エネルギーとして表現する。

　化石燃料の削減は消費自体を抑制する以外に手段がないが、後者は、PV や風力発電、水力発電のように非化石エネルギー源に代替できることが大きな違いである。温室効果ガス削減対策のひとつは、この熱需要を二次エネルギーに転換することである。

　京都議定書に基づく日本政府の国内対策は、主に民生部門と運輸部門のエネルギー消費に着目し、その増加分の抑制に主眼を置いてきた。特に家庭部門では、2001 年に取りまとめた「2001 年省エネルギー部会報告書」で、給湯を中心とした対策を以下のとおり打ち出した。

　「民生部門の 2 ～ 3 割の需要を占める給湯部門においては、従来、機器の効率改善が技術的に難しい等の理由によりエネルギー効率の改善が進んでいなかったが、最近の技術開発の成果として、従来方式に比べ省エネルギー性能が特に優れた機器が開発され製品化される段階に至っている。しかしながらこれらの高効率機器については、競争市場の中で広く普及が進み価格競争力を持った従来機器に比べイニシャルコストが高いことから、ある程度の普及が進むまでの間、市場への円滑な導入に向けての支援を行う必要がある」

　この報告書に基づき、以降、家庭部門では給湯対策に重点が置かれ、後述する省エネ型給湯器の普及に弾みがついた。なかでも、報告書が公表されて約 20 年経た 2020 年現在、ヒートポンプ式の給湯器であるエコキュートの出荷台数が 700 万台を超えた。登記されている住宅は約 6000 万軒、世帯数は約 4500 万軒といわれており、1 ～ 2 割の住宅に普及した計算に

なる。

　それを裏付けるように、家庭の給湯需要は 2017 年度実績で 1980 年代前半の水準にまで下がっており、省エネ傾向は一層顕著である。近年、お湯を取り巻くライフスタイルには大きな変化がないので、お湯の消費が大幅に減ったとは考えにくい。したがって、お湯を沸かす技術の向上と省エネ性の高い機器の普及が急速に進んだと推定できる。

　現在、代表的な省エネ型の給湯器には、①ヒートポンプ給湯機（エコキュートなど）、②潜熱回収給湯器（エコジョーズ、エコフィールなど）、③家庭用コージェネレーション（エコウィル、エネファーム）、④太陽熱温水器などがある。①〜③は京都議定書が締結されたあとに開発された給湯器である。

　④の太陽熱温水器は、1970 年代の石油危機を機に急速に普及した。ところが、1990 年前半をピークに減少の一途をたどり、現在では残念なが

図表 2-3　家庭での一次エネルギー消費推移

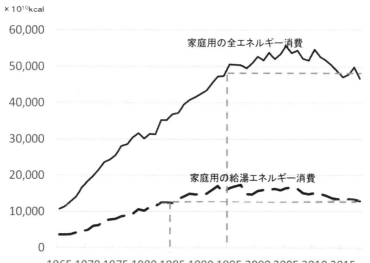

出所：EDMC「エネルギー・経済統計要覧 2020」を基に筆者作成

図表 2-4　省エネ型給湯器

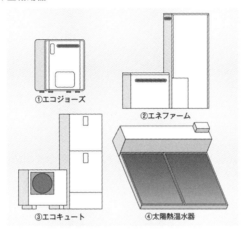

出所：日本動力協会『エネルギーと動力　2018年秋季号』

図表 2-5　給湯需要の燃料種別内訳推移

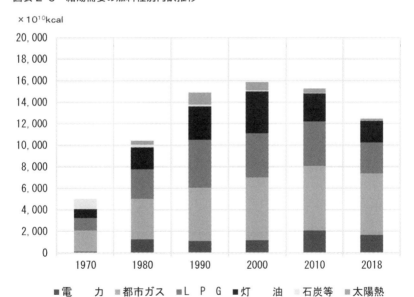

出所：EDMC「エネルギー・経済統計要覧 2020」を基に筆者作成

らピーク時の 1/4（一次エネルギー量比較）まで縮小してしまった。集熱器を屋根に設置することでの荷重や太陽光パネルとの設置場所の競合、一部の事業者による営業手法など、いくつか解決できていない課題を未だ抱えているのではないかと想像する。

したがって、現在の省エネ型給湯器の主流は①〜③の 3 種類といえるだろう。

(3) 省エネ型給湯器の普及状況

給湯器は、戦後の日本で最も普及した住宅設備のひとつである。1960 〜 1970 年代までは街の至る所に銭湯があり、風呂のない家庭も多かった。1960 年代以降、各地に整備されたニュータウンには浴室の付いた公営住宅が造られるようになった。これを機に単身世帯のアパートでも浴室（ユニットバス）が標準装備されるようになり、風呂のお湯を沸かすために今ではほぼすべての住宅に給湯器が設置されている。

一方で、給湯器の出荷台数は、過去 10 年間、年間約 450 万台前後で推移している。新築住宅が年間約 70 万〜 100 万軒であることから、給湯器は新築住宅で約 70 万〜 100 万台、既設住宅のリフォームなどで約 350 万〜 380 万台が出荷されていることになる。

給湯器の耐用年数は、超概算ではあるが、住宅軒数 6000 万軒（≒給湯器台数）を年間出荷台数 450 万台で割ると、平均約 13 年と推計できる。機種や使用頻度によって耐用年数が左右されるが、「製造物責任法（PL 法）」で製造者に義務付けられる責任期間が引き渡し後 10 年間であることや、経済産業省通達で生産終了後の部品保有期間（自主的に決めるものであるが概ね 8 年程度）を区切っていることから、10 年を超過した場合、故障が発生しても修理で直せる可能性が下がってくる。部品も修理が困難な電子化が進んでおり、機器の耐用年数の延長は期待しにくい。したがって、給湯器の耐用年数は大きく変わることはないだろう。

給湯器全体の出荷台数が横ばいで推移するなか、高効率給湯器の出荷台

数は非常に高い伸びを示している。2019 年度、単年度フローの出荷台数
は約 150 万台程度と推計され、全給湯器の約 30％を占めるまでに至った。

　ここで、改めて高効率給湯器が普及してきたプロセスを確認する。

　給湯器の高効率化の必要性が謳われたのは、前述のとおり 2001 年の「省
エネルギー部会報告書」であるが、具体的な普及目標は 2005 年の「京都
議定書目標達成計画」で掲げられた。京都議定書目標達成計画とは、「温
暖化対策法」に定める計画で、京都議定書発効の際に政府が定めるとされ
ていたものである。

　なお、京都議定書は第一約束期間（2008 ～ 2012 年）の平均での温室効
果ガス削減を目標にしたが、国内対策では中間年の 2010 年単年で対策ご
との目標を掲げていた。京都議定書目標達成計画における給湯の目標は、
* ヒートポンプ給湯器（エコキュートなど）累積市場導入台数：446 ～ 520（万
台）
* 潜熱回収型給湯器（エコジョーズなど）累積市場導入台数：291 ～ 326（万
台）
であった。2005 年当時、わずかに 100 万台しか普及していなかった高効
率給湯器を 5 年で最大 10 倍にする、という高い目標を掲げたのである。

　この目標に対し、実績では、2010 年度末でエコキュートは約 280 万台、
エコジョーズは約 215 万台、計約 500 万台が普及した。残念ながら政府目
標には及ばなかったが、高効率給湯器の出荷台数は年間 120 万台を超え、
エコキュートとエコジョーズの累積出荷台数は 1700 万台（2019 年度末）と、
その後の加速的普及へ大きく寄与したといえるだろう。

　ただし、今後もこれらをひとくくりに高効率給湯器として扱うと、課題
が見えてこない。既に黎明期から普及期に移行していることから、機器種
別ごとに次の時代の対策を立てることが必要である。

（4）各々の給湯器の特徴と課題

エコジョーズ

　現在、最も普及している高効率給湯器がエコジョーズである。

　エコジョーズは、燃料の持つ潜熱のエネルギーまで使う給湯器である。従来の給湯器がガスを燃焼させたあとの排気ガスを約200℃で大気に放出しているのに対し、エコジョーズでは、この熱エネルギーも捨てずに再利用し、排気ガス温度60℃まで利用している。その結果、従来の給湯器では、約80％だった給湯熱効率が95％に向上し、2001年の「省エネルギー部会報告書」では、15％の省エネ効果があると記載されている。排気ガス温度が100℃以下になると排気中に含まれている水分が結露し、腐食などが発生して機器の寿命が低下するおそれがあるが、技術開発によって長寿命化が図られた。この水分の結露の熱エネルギーは「潜熱」と呼ばれており、エコジョーズは、その潜熱分まで利用するため「潜熱回収給湯器」とも呼ばれる。

　エコジョーズは、約1000万台（2019年末）導入されており、従来型の燃焼式の給湯器とほぼ同じ大きさでラインアップも充実している。施工が単純な取り換えで済むため、リプレース需要にも導入ハードルが低いのが特徴である。

　しかしながら、今後は、この95％の燃焼効率がエコジョーズの最大の課題である。ほぼ100％に近づいてしまったため、これ以上の効率改善が極めて難しい状況にある。これからは、エコジョーズが標準的な給湯器になる可能性も高い。

エネファーム、エコウィル

　どちらも、発電機と給湯機が一体となった家庭用コージェネレーション・システムである。2020年時点で約36万台が導入されている。特徴は、ガスを燃料として発電を行い、発電時に発生する排熱を給湯に利用するものである。常に熱と電気が一定比率で同時に生産される。エネファームは、

燃料電池システムを利用し、エコウィルは、発電機にエンジンを利用しているところが異なる。

　これらは、排熱を有効利用する点が従来型の燃焼式給湯器に比べて優れている。一方で、家庭で使われる電気と熱の需要が必ずしも同じ時間に生じる訳ではないので、電気が必要な時は熱が余り、熱が必要な時は電気が余るといった電気と熱のバランスを取ることが課題である。そのため、エネルギーを蓄えるための貯湯タンクを設けている。給湯需要のほうが風呂などで短時間に多くのお湯を必要とするため、蓄電するより貯湯したほうが使い勝手が優れるためでもある。

　燃料電池は、エンジン発電機に比べて発電効率が高いが、現在発売されている主流の固体高分子型燃料電池（PEFC）では、約35％（高発熱基準）であり、仮に大型火力発電所の50％以上と比べると見劣りする。また、発電効率が約45％（高発熱基準）と高い固体酸化物形燃料電池（SOFC）は、700℃と高温で稼働するため停止が難しく、基本的には24時間連続稼働が前提となる。したがって、省エネ面では発電した電気と排熱の活用がカギを握ることになる。無駄な稼働をなくすためには、電気と熱のいずれかの需要の少ないほうに機器能力を合わせて稼働させる必要がある。

　また、発電機と貯湯槽が必要なことで従来型の給湯器に比べて大幅に大きくなり、設置場所の制約を受ける。さらに、部品点数が多いこと、高度な技術を活用することから、現時点ではまだコストが高く、普及にはイニシャルコストの大幅な削減が求められる。

　なお、エコウィルは、2017年を持って販売終了しており、家庭用コージェネレーション・システムはエネファームに絞られた感がある。エコジョーズやエコキュートは、導入補助金終了後に自立的に普及しているが、エネファームは、まだ補助金を普及のカンフル剤としている。また、エネファームは、エコジョーズやエコキュートで実施していた導入補助金の金額・期間とも既に上回っており、自立的普及へ模索が続いている。

エコキュート

　エコキュートは、ヒートポンプを用いて空気中の熱を回収する給湯器である。太陽熱温水器同様、自然界の熱エネルギーを利用する。空気中の熱を回収するためには、ヒートポンプシステムに封入されている気体を圧縮させる必要がある。そのため、エコキュートには、モーター駆動のコンプレッサーが内蔵されており、そのモーターが電力を消費する。エコキュートは、モーターが消費する動力に対し、約3倍の空気の熱エネルギーを回収できる。したがって、電熱ヒーターに比べると、消費電力が20〜25%程度と大幅に少ない。火力発電所での発電効率を加味した総合効率でも、従来型の燃焼式給湯器と比べて30%省エネ性が高い（「2001年省エネルギー部会報告書」より）。初号機が開発された2000年ごろの電力需要は昼間のピーク需要を抑制することが求められていたため、電力需要の少ない夜間に稼働させて貯湯する方式が採用されている。

　一方、今後は再エネ発電との組み合わせに期待が寄せられている。発電時も消費時も当然ながら化石燃料を消費しないので、CO_2を排出せず、ゼロエミッションの給湯機になる。一層PVの導入が進むと、昼間の余剰電力の発生が懸念されるが、貯湯を前提として設計されてきたため、従来の夜間稼働から昼間稼働にシフトすることで、今度は再エネ余剰電力の対策手段として活用できるのである。

　出荷台数は、東日本大震災以降の節電気運から2010年をピークに減少を続けていたが、2015年上期に底を打った感があり、同年下期より対前年同月比で増加に転じている。平均すると1カ月当たり約4万台が出荷されている。

　また、他の給湯器より先んじて市場に投入されたため、黎明期の機器は設置から20年目を迎え、リプレース時期に差し掛かっている。この間、「省エネ法」のトップランナー制度にも組み込まれ、高効率化が進んでいるため、エコキュートからエコキュートへの単純なリプレースでも省エネ性が高まる。しかしながら、昼間稼働に向けた技術開発や貯湯方式の変更など

改善余地が残っている。このような取り組みへの着手が課題である。

（5）エコキュートに期待される新たな機能

　エコキュートが開発された2000年前後は、現在のようにスマートメーターやPVが普及していなかった。夏場の冷房需要によって夏季昼間に集中して電力需要が大幅に増加する傾向にあったため、昼夜間の電力格差を減らすために夜間の稼働をベースとしていた。その結果、電力設備の稼働率が向上し、電気供給コストの低廉化が図れたのである。

　それから20年が経過し、電力を取り巻く環境が大きく変化した。これまでの誘導式のメーターでは、月次での使用量しかわからなかったが、デジタル化技術や電力自由化の進展により、各家庭の電力需要を30分単位で把握することが可能なスマートメーターが設置されつつある。また、再エネによって発電した電気は固定価格買い取り制度（FIT）の導入により、家庭でもPVが急速に導入されている。

　これにより、これまでは成り行きにならざるを得なかった電力需要を、技術的には一軒一軒調整することも実現可能になりつつある。このような需要家の協力を仰いで需要をデジタル技術で調整することを「デマンドレスポンス（DR）」と呼んでいる。しかしながら、我慢を強いる節電のような対策では持続性がない。このため、調整力として蓄電池やエコキュートなどのエネルギーを蓄える設備に注目が集まる。

　一例を紹介すると、PVで発電した電気でエコキュートを稼働させ、お湯でエネルギーを蓄える方法である。蓄えた熱エネルギーを必要な時に利用することで、電力の自家消費の比率を高めることが可能となる。PVの家庭版FITの買い取り期間の10年間が経過したあとでは、余剰電力をエコキュートで自家消費する方法もPVの電気を有効に活用するひとつの手段である。それから、このような個々の家庭での取り組みを複数軒束ねてコントロールすることもデジタル化で期待される手段である。この束ねて

運用する技術を「リソースアグリゲーション」とも呼ぶ。

　すなわち、これからのエコキュートは夜間に稼働させて貯湯するだけではなく、再エネ発電の発電状況に応じて貯湯する機能などの実装が期待される。さらに、単に再エネ発電を利用するだけではなく、通信機能の汎用化などに伴い、細かく時間ごとに稼働を調整する機能が標準化されてくる可能性もある。家庭用コージェネレーション・システムでも同様のことが期待できるが、既に市場に設置されている導入台数の多さもカギとなるため、累積700万台出荷されているエコキュートは、リプレースでの入れ替え時にエネルギー消費効率向上だけではなく、電力需要の調整機器として高いポテンシャルを有していると考える。1台当たりの消費電力が約1.5kWであるため、仮に、すべてのエコキュートが外部から制御可能となった場合、1000万kWの電力需要を調整することができる。

2.1.2　暮らしのエネルギーの今とこれから

　前節では、熱エネルギーを中心に、家庭部門の省エネについてこれまでの取り組みを見てきた。他方、再エネの主力電源化、2050年までにカーボンニュートラルの政府目標、新たな技術の登場などの環境変化に伴い、家庭部門のエネルギー利用の在り方にも変化が見られる。エコキュートに期待される新たな機能について触れたが、それにとどまらない。

(1) 冷暖房で前提となる住宅の断熱化

　「冷暖房」の省エネでは、「住宅の断熱性をしっかり確保することで冷暖房負荷を引き下げること」「冷暖房に用いる機器の高効率化を図ること」、この2つの方策が重要である。

　断熱性の確保に向けた指標のひとつとしては、「省エネルギー基準」がある。これは、断熱材を施工することで確保すべき断熱性を熱損失係数として示したものである。ただ、この基準は義務ではなく、具体的な目標

を示すことで目標達成に向けた努力を促すものである。省エネルギー基準は1980年に初めて告示（昭和55年基準、以下「旧基準」）され、1992年に改正（平成4年基準、以下「新基準」）された。1999年には再度改正（平成11年基準、以下「次世代基準」）され、基準値のレベルは高くなり、欧米並みの水準に達した。さらに、経済産業省、国土交通省、環境省が2012年7月に公表した「低炭素住宅に向けた住まいと住まい方の促進方策」に基づいて、2015年4月1日からは、この新たな「改正省エネ基準」（平成25年基準）に変更された。その後、2020年に施行を目指し、断熱の義務化を含んだ更なる強化策として「2020年省エネ基準適合義務化」が検討されていた。これは、2018年末に国土交通省より小規模住宅においては延期する通達が出され、先送りされている。

　しかしながら、「外皮の断熱性能等を大幅に向上させるとともに、高効率な設備システムの導入により、室内環境の質を維持しつつ大幅な省エネルギーを実現した上で、再生可能エネルギーを導入することにより、年間の一次エネルギー消費量の収支がゼロとすることを目指した住宅」として「ネット・ゼロ・エネルギー・ハウス（ZEH）」を官民共同で進めることとしている。そのZEHの概念については、ZEHロードマップ検討委員会で2015年12月に経済産業省が取りまとめている。

　ZEHの基準を満たすような、いわゆる高気密・高断熱住宅では年間の冷暖房エネルギーが大幅に削減されるので、こうした住宅が増えれば大きなエネルギー削減が期待できる。ただ、基準を満たすような造りにできる機会は新築時にほぼ限定されるため、急速な普及は見込めない。

　そこで、改修時に断熱性の向上を図ることが、これからの課題になる。通常の改修工事では、外壁塗り替え、内装の模様替え、便所・浴室の設備更新などに手を付ける。これに併せて、既存の窓の内側に新しく窓を設けたり、窓を樹脂サッシ＋複層ガラスに変更することで、断熱改善を図ることができる。このように、改修工事でも断熱性の向上は可能だ。

　先進各国の住宅で消費されているエネルギー量の比較データがある。日

本は先進6カ国の中でエネルギー消費量が一番少ない。その差は暖房エネルギーの差で、他の国の1/2〜1/3程度に過ぎない。もちろん、欧米諸国と日本では気候が異なるため、一概に比較はできないが、こたつなど局所的な暖房で冬を過ごしてきたことを考えると、これまでは暖房にそれほどエネルギーを消費していなかった。ところが近年は、暖房時には居室のみではなく建物全体を温めたいという要望が快適性を求める消費者から強まっている。こたつのような局所暖房から、居室、さらに家全体へ暖房の対象空間は広がっている。今後も、暖房エネルギーが増大する可能性は十分にある。このような暖房エネルギーの増大を否定するのではなく、快適性と利便性を確保しつつ、エネルギーの増大分を抑制するためにも、高気密・高断熱住宅の普及は重要である。

(2) エアコンや家電製品の高効率機器への買い替えとIoT化

　冷暖房の省エネでは、前述した断熱とともに、ヒートポンプを活用した高効率エアコンの導入が重要だ。高効率エアコンは、さまざまな技術改善で効率向上が図られてきた。照明・家電製品の部門では、エアコンと同じようにトップランナー方式を背景とする家電製品の効率向上に期待がかかる。

　冷蔵庫を例に説明すると、年々大型化の傾向があるが、最近の冷蔵庫は10年前のものに比べ、年間消費電力量は1/3程度で済むようになっている。最近の大型（450Lクラス）の冷蔵庫は、20年以上前の中型（250Lクラス）の冷蔵庫に比べ、年間消費電力量が半分で済む。大型化によるエネルギー消費の増加より高効率化によるエネルギー削減率が大きいため、買い替えによる省エネ効果は十分期待できる。

　省エネを実現するには、家電製品を無駄なく上手に使うことも重要である。デジタル化によってスマートフォンから個々の機器のオンオフが可能になってきた。そのような住宅を「スマートハウス」という。

　スマートハウスは、1980年代に米国で提唱され始めた住宅の概念で、

家電や住宅設備を互いに配線で接続して集中管理することにより、生活を快適にしようとする考え方である。PV などの自然エネルギーから発電してエネルギーを作り出す「創エネ」、エネルギーをエコキュート・蓄電池などで貯える「蓄エネ」、さらにそのようなエネルギーを無駄なく利用し、なるべく消費量を抑えるための「省エネ」という3つの概念から成り立っている。スマートハウスは、情報技術（IT）を最大限に活用してエネルギーをうまく管理するための家であり、モノのインターネット（IoT）が不可欠である。

　身の回りにあるさまざまなモノをインターネットにつなげることで、遠隔操作に加え、モノそれ自体がインターネットにアクセスして作業を行う。IoT 化されていれば、例えば、ドアの施錠やエアコンの消し忘れも心配する必要がなくなる。

　スマートハウスの最大の特徴は「HEMS」の導入である。HEMS とは、Home Energy Management System の頭文字からできた造語であり、「エネルギーの見える化」と「エネルギーの制御」を行うことである。

　2012年2月に経済産業省が設置したスマートハウス標準化検討会において、HEMS の通信プロトコルとして「ECHONET Lite 規格」などが標準インターフェースとして推奨されている。一方で、スマートフォンの普及により、標準的なインターフェースがなくても、アプリケーションやクラウドサーバーからの指示によって赤外線リモコンをエミュレーションすることもできるなど、通信手段の汎用化も進んでいる。

　HEMS は、これまでは住人の主体性を重んじ、エネルギーの見える化が中心であった。見える化では、操作に住人が自ら手を動かす必要がある。しかし、昨今の人工知能（AI）の開発により、自動化の道が見え始めてきた。すなわち、エネルギーの制御まで可能となるのである。

　実際に、家庭内で使用する電気機器などの電力使用量を、AI やセンサーなどを利用しながら、積極的に制御して省エネにつなげる。例えば、その日の気温や湿度を AI で予測しながら、設定温度を時間ごとに変えて無

駄を省くことを自動で行う。これらの制御は、スマートフォンのアプリやパソコンなどでも設定することが可能である。PV や家庭用蓄電池などとも結ばれていれば、天気予報から予測される発電量やエコキュートの貯湯状況などから総合的に状況判断し、それらの情報を基に省エネのための制御も可能となる。この制御は、エアコンなら一定の電力使用量に達した場合に電源を切ったり、夕方の 5 時以降は省エネ運転に切り替えたりすることなども自動化できる。

　設備や機器を買い替えるときに電化と IoT 化されていれば、自ら PV 設備を導入することで、また、マンションなどで PV 設備を導入できない場合は電力ネットワークを利用して遠隔地の再エネ発電を利用することで、確実に CO_2 フリーへの取り組みが可能となる。

(3) ガス管接続を禁止し始めた欧米の事例

　2019 年 7 月 9 日にカルフォルニア州バークレー市は、新築建物の天然ガスインフラを接続することを禁止する条例を可決した。発効は 2020 年 1 月である。市議会に諮られた資料によると、「これまでの新築建物のエネルギー使用に対するアプローチは、主に建物の効率と省エネルギーを強化であり、間接的に CO_2 排出量を削減するが、化石燃料消費を直接段階的に削減するものではない」ことが背景にあり、直接排出を制限することが必要であったとしている。

　さかのぼること 3 年前の 2016 年 11 月 1 日に、同市のコミュニティ環境諮問委員会（CEAC）は、気候・健康・安全上の理由から、新しい建物の天然ガス器具の廃止を検討することを推奨。CEAC と市のエネルギー委員会は天然ガスを燃やさない技術を使用するために、新しい調理、給湯及び建物の暖房システムの経済性や、電化に向けた建築設計基準の策定などを行っていた。

　そのような経緯から、条例導入時は低層住宅を対象としており、既設建物や物理的にガスが必要となる建物、中高層建物などは適用が免除された

が、将来に電化できるような受電設備や配線などを準備することを要請している。

　議会の資料によると、ガスパイプラインからのメタンガス漏洩も温室効果ガス排出の一因であるとしている。

　これに対し、米国カリフォルニア州レストラン協会は「天然ガスがなければ調理に時間がかかり、料理人が熱を加える量や強さを調節できなくなり、食事を用意する上の方法や風味に影響するだろう」として、バークレー市の天然ガス禁止条例に対する訴訟を起こしたことを、2019 年 12 月 24 日のウォールストリートジャーナル紙は報じている。

　ガス管接続禁止は、かなり強硬な措置であることは確かである。しかし、このような取り組みはバークレー市に限らず、カリフォルニア州では他の市でも進んでいる。

　英国でもガス管接続禁止の動きがある。英国政府は、2020 年 12 月、『エネルギー白書』を 2007 年以来 13 年ぶりに発表した。同白書は、日本のエ

図表 2-6　米国カリフォルニア州バークレー市の新築電化義務化

背景	市の2050年GHG排出8割減目標の達成に向けて、2019年1月に電化促進を強調する"Fossil Free Berkeley"報告を公表
概要	●**全米初となる新築建物ガスインフラ接続禁止**（2020年～） ●対象は**新築の低層住宅から中高層住宅・商業用へと拡大**予定であり、公益性がある・物理的不可能な場合は免除 ●免除時も、将来的な電化に備えて**十分な容量・配線の確保**を要求 ●当面の対象件数は少ないが、米国の中でもリベラル色の強い文化で知られ、州や他自治体への政策波及の点で注目

California州
Berkeley市
12万人

	検討の歴史
2009	温暖化対策行動計画で、2050年8割減目標
2016	市諮問委員会がガス機器の段階的廃止の検討着手を提言→市エネルギー委員会が条例化を目指すと表明
2019/1	"Fossil Free Berkeley"報告
2019/7	条例可決
2020/1	施行

出所：電力中央研究所「建物脱炭素化に向けた取組の検討―米国の州や自治体の先進事例とわが国への示唆―」（2020 年）

ネルギー基本計画に相当するものとされており、今回はネットゼロに向けた方針を示した。

　住宅・建築物においては、建物のエネルギー性能に取組むだけではなく冷暖房での温室効果ガス排出を減らすことを謳っている。その対策のひとつとして、ヒートポンプを挙げており、導入量を現在の3万台/年から2028年に60万台/年に成長させるとしている。一方で、少なくとも2025年以降、新築建物に対してガス管接続を禁止する方針を盛り込んでいる。バークレー市同様、欧米における住宅での脱化石燃料の議論は活発になっているといえる。

2.1.3　オフィスのエネルギー

(1) 建築物のエネルギー消費内訳

　業務部門と一言でいっても、そのなかには、事務所・病院・学校・ホテル・百貨店など、さまざまな業種が含まれている。建物軒数で最も大きなシェア（約4割）を占めるのは事務所である。企業の本社ビルなどが集中する東京都では、その比率が高く6割を超えている。事務所・学校・ホテル・百貨店では、冷暖房などの空調需要でエネルギー消費の約半分が使われている。

　さらに事務所や百貨店では、照明などがエネルギー消費の約1/3を占める。一方、病院やホテルでは給湯の需要が1/3を占める。業務部門で効果的な省エネ方策を打ち立てるに当たっては、どのような用途に、どの程度エネルギーを消費しているかを把握し、それを踏まえたうえで効果のある対策を選択することが重要である。

　つまり、事務所・学校・ホテル・百貨店などでは、エネルギー消費の約半分を占める「空調需要」での省エネ方策が重要になるということである。さらに、事務所や百貨店では「照明などの需要」に、病院やホテルでは「給湯需要」にも多くのエネルギーを消費していることから、空調に加えて照

明や給湯の省エネ方策も効果的である。

　空調・照明・給湯といった用途ごとの対策のほか、機器を効率よく運用するための対策も必要である。例えば、オフィスビルでは、省エネタイプの設備を導入していても、建物全体のシステムとして適正に運用されていない事例がある。竣工後は、このような「適正化対策」のほうが重要となる。このことは「コミッショニング」とも呼ばれる。

　空調のエネルギー消費量は、大別すると、

* 冷・温熱を製造する熱源機器のエネルギー消費量
* 製造された冷・温熱を、建物の中で空調を必要としている個所に搬送する動力機械（ポンプやファンなど）のエネルギー消費量

の2つで構成されている。このため、空調の省エネ方策は、空調負荷の抑制、熱源機器・動力機械の効率向上という2つの観点から考えていく必要がある。

図表 2-7　オフィスのエネルギー消費内訳

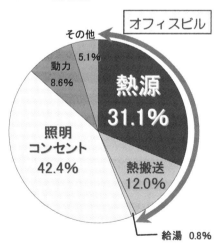

出所：省エネルギーセンター「オフィスビルの省エネルギー」を基に筆者作成

（2）空調負荷の抑制

　空調負荷の抑制は、空調エネルギーの消費を最小化する本質的な方策で、さまざまな建築的工夫や設備的工夫が提案されている。空調負荷は、冷房の場合と暖房の場合とで構成要素が異なるほか、太陽の位置などの外部環境の変化に応じて、一日のうちでも時刻や場所で大きく変動する。

　これらの外部環境に応じて変動する「外皮負荷」「日射負荷」「外気負荷」を抑制することは、空調負荷の年間の絶対値を引き下げるだけでなく、ピーク負荷の低減にも貢献するため、一年を通じた空調システムの高効率化にも大きく寄与する。

外皮性能の向上

　建物の外皮を通して室内へ侵入する空調負荷は、「外皮負荷」と「日射負荷」である。外皮負荷は、室内外の温度差に比例して外壁や屋根から室内へ侵入する負荷で、外壁の断熱材の厚みを増すことや複層ガラスなど、高断熱ガラスを利用することで抑制できる。開口部を通して室内へ侵入する日射は、暖房時には暖房負荷を減じるが、冷房時には空調負荷となる。これが日射負荷で、直射日光の反射率を高めたガラスや、庇（ひさし）、ブラインドなど、建築的工夫で抑制する。

　季節によって外皮負荷・日射負荷は大きく異なるため、設計に当たっては、年間・一日を通した省エネ性や室内温熱環境の快適性を考慮しなければならない。特に、開口部は外壁に比べて断熱性能が低く、しかも日射負荷の原因箇所ともなるため、十分な配慮が必要となる。

　ガラス張りの建築が近年急増してきたことに伴い、さまざまな建築的工夫や設備的工夫が施されてきた。建築的工夫は、竣工後に対策を施すことは困難であるため、設計段階で十分な検討を行うことが肝要である。

外気負荷の削減

　業務用建築では、適切な量の新鮮な空気（外気）を室内に取り込むこと

で空気質の保全を図っているが、外気の取り込みは室内外空気の熱量差に比例して（温度に差があるため）、新たに空調負荷が発生する。こうした「外気負荷」を抑制するためには、外気を必要以上に取り込まないこと、外気を予熱してから室内に取り込むことなどの対策が効果的である。

　最も一般的な外気負荷抑制策として、全熱交換器の設置が挙げられる。全熱交換器は、排気する室内の空気と取り込む外気との間で熱交換をさせることで、換気によって室外に捨ててしまう熱を回収する装置である。例えば、夏場の冷房時であれば、換気で室外に排気する前に冷房された室内の冷熱を使って取り込む外気を冷やす。外気を冷やしてから室内に取り込むことになるので、外気負荷の抑制につながる。

　このほか、室内のCO_2濃度をセンサーで計測し、CO_2濃度が一定になるよう外気の取り込み量を必要最低限に制御する手法が用いられている。建築物内の空気の質は「建築物衛生法」における「建築物環境衛生管理基準」によって定められている。例えば、CO_2濃度は1000ppm（parts per million、百万分率）、相対湿度は40％以上70％以下などとされており、制御技術がまだ十分でなかった時分は、執務空間の体積から算定式によって換気回数などを定めていたが、センサーによって直接計測が可能となれば、基準値に収まるような運用を行うことでエネルギー消費効率の向上に資するのである。

　そして、中間期や夜間など室内よりも室外のほうが快適な季節や時間帯には、外気が有効な冷熱源になる。このような外気を積極的に活用する対策として、外気自体を冷房に利用する「外気冷房」や、夜間の涼しい空気で建物内を換気して建物の躯体を冷却することで翌日の冷房負荷を緩和する「ナイトパージ」などがある。

（3）熱源機器・動力機械の効率向上

　住宅向けの給湯器に限らず、業務用空調でもヒートポンプを活用した機器の効率向上には目覚しいものがある。日本は、1980年代の急速な経済

発展に伴い、夏場の冷房需要が増加の一途をたどり始めた。それまでは冬季の夕方に迎えていた電力需要のピークが、冷房需要の増加によって夏場の昼間に移ってきた。

　夏場の昼間にピークを迎えるようになった電力需要は、新たな発電所の建設を上回る勢いで伸び、年を追うごとに需給が逼迫する状況が続くようになった。当時は、石油危機の反省から政府が脱石油政策を進めていた時期であったこともあり、増加基調にあった冷房需要に対応するため、脱石油と電力負荷の平準化を主目的として、天然ガスを燃料とする「ガス空調」が主流であった。

　現在でも、ガス空調は、主に大規模な地域冷暖房施設やビル向けの「吸収式冷温水発生機」と、中小規模の店舗・学校・病院などで用いる個別分散方式の「ガスエンジンヒートポンプ」の2種類が製品化されている。一時期は、大型ビル向けのセントラル空調方式の熱源では約70%（出荷冷却能力基準）を吸収式冷温水発生機が占めていた。これら吸収式冷温水発生機は相当数現存しており、リプレースでも受電設備の容量がギリギリであったり、導入経験のない新しい方式の機器への転換を躊躇することも多く、再び吸収式冷温水発生機への単純リプレースを行う事例も多い。このような変化を伴わないロックイン効果が高効率機器やヒートポンプ化の阻害要因でもある。

　こうしたガス空調の普及で、当時の逼迫する電力需給の調整と電力負荷の平準化には一定の成果が上がったが、省エネ・地球温暖化対策という観点で見ると、ガス空調には課題が残る。

　吸収式冷温水発生機の一次エネルギー換算効率（COP）は1.1～1.4程度で、さらに機器に関係する設備の動力も考慮すると、それを下回るものと考えられる。ガスエンジンヒートポンプも、COPは標準的な機種で1.3程度に過ぎない。そもそも、ガスを焚く時点でCO_2を排出してしまうため、CO_2ゼロを標榜する場合は実質的に停止もしくは撤去せざるを得ない。

　これに対して、電動式の高効率ヒートポンプでは、最新の機種では

COP は 6.0 を超えるものが出てきている。仮に LNG（液化天然ガス）火力発電所の発電効率 50％ を前提に発電効率を加味すると、一次エネルギー換算効率は 3.0（＝ 6.0 × 50％）となり、ガス空調のそれをはるかに上回る。たとえ現在の「省エネ法」で定められている発電効率での約 37％ を用いても、一次エネルギー換算効率は 2.2 であるから、ガス空調の効率の低さは大きな課題である。さらに再エネ発電由来の電気は CO_2 フリーにつながるが、ガスには再エネ由来のガスがないため、ガス空調にとって課題をより一層難しくさせている。

　ガス空調での課題解決が見えないなかで CO_2 削減という目標をクリアするためには、1980 ～ 2000 年代に電力負荷の平準化を目的として導入されたガス空調をヒートポンプ機器に切り替えていくことが効果的である。

　「給湯」も給湯機器の高効率化が有効な方策になる。業務用の給湯機では、近年の家庭用同様、ヒートポンプ技術を導入した業務用エコキュートが商品化され、COP4.0 を超える機種が登場している。

　熱源から各フロアの給湯需要個所に湯を搬送するときの放熱ロスを低減するために、配管の保温性を強化していくことも重要である。また、家庭用のエコキュートをベースに開発された小型の業務用エコキュートも製品化され、給湯需要箇所に直接設置することも可能になった。

　洗面所のシンクでの少量の温水しか必要ない場合には、ヒートポンプ給湯機にこだわる必要はない。少量では、ヒートポンプの効率の良さを貯湯時や配管からの放熱ロスで相殺してしまう懸念がある。この場合、電気式は排気ガスが出ないため、シンクごとに小さな電気温水器を設けることで放熱ロスが大幅に減少するのであれば、電気ヒーターも効果的である。もちろん電気ヒーターで利用する電気を再エネ化することが可能である。ただし、多数設置された結果、同時に多数稼働するような状況では瞬間的に電力需要が増加するなど、電気設備の容量への影響も考慮する必要がある。

（4）デジタル化で設備機器を調整して性能を発揮させる「適正化対策」

　オフィスビルでは、主要な設備機器はもちろん整備されているが、システム全体としては、竣工時・引き渡し時に調整されたままというケースがほとんどである。設備の特性は、建物竣工後、運用管理して使い込んでいくうちに徐々に明らかになってくる。また、当初設計した段階から外部環境が変化していることや、特に大型のオフィスビルでは、入居するテナントの業務内容や営業時間によって設計時の条件とは大きく異なっていることが多い。したがって、それぞれの状況に合わせて、システム全体を最適な状態に調整することが必要である。

　例えば、自動車で定期的な整備がされているように、ビルも適正な整備がされることで省エネ性能を十分に発揮できる。このような「適正化対策」を施すことで、設備機器の持つ省エネ性能を十分発揮できるようになる例を挙げる。

適正化対策の具体例1

　空調が消費するエネルギーの約半分が、空調機から吹き出すときのエネルギーである。空調のダクト回りには手動の風量調整ダンパー（VD）が据え付けられている。竣工時の試運転調整の段階では自動制御を機能させていないため、風量の出過ぎなどを原因とする予期しない支障に備えて各VDを手動で絞る。

　ところが、引き渡し後、自動制御を機能させてからは、風量は適正に制御されることになるため、VDを全開にしなければならないにもかかわらず、試運転調整時に手動で絞ったままというケースがある。この場合、VDで圧力損失が生じることから、空調がインバーターで風量調整をするとき、圧力を高めない空気が吹き出せないため、さらにファンが圧力を高める動作を行い、電力を無駄に消費してしまう。

適正化対策の具体例2

　タイムスケジュールを設定し、無駄を省くように空調の運転制御をして

いたとしても、うまく機能しないケースがある。例えば、大学などではカリキュラムの変更や休講がある。この場合、空調の運転スケジュールを変更せずに、使用していない部屋で空調をそのまま運転しているということがある。このような事例は多くの建物で見られる。

　以上のような例は、ユーザーやオーナーが建築設備の専門知識を持っていない場合、なかなか気付きにくい。設備の運用状況をモニタリングして現状把握に努めるとともに、建築設備の専門家にエネルギー診断を依頼し、設備機器・制御システムなどの調整を図ることが必要である。しかし、専門家に診断を依頼することが困難なことも多い。このようなモニタリングには、デジタル化・IoT を積極的に活用することが効果的である。

　専門家が現地に赴かなくても、デジタルデータが取得できれば、当該建物以外の場所でも兆候を把握することは十分に可能である。センサーを取り付けることがデジタル化には必要だが、電気の場合、保安用に管理している電流値や電圧、力率、電力量なども簡易なセンサーとして利用することが可能である。そのようなデータ取得のためにも、燃料燃焼機器より電動機器の導入のほうが適している。

　適正化対策は、大きな設備投資や大規模な工事を必要としない、いわば、軽微な調整でいつでも実行できる即効性のある対策である。

冷暖房・給湯で大きな変化をもたらしたヒートポンプ

　ヒートポンプは、従来からエアコンや冷凍機などに使われてきた技術であり、目新しいものではない。その仕組みは言葉どおり「熱のポンプ」。水を低所から高所に汲み上げる機械を「ポンプ」と呼ぶように、熱を低温から高温に汲み上げる装置のことである。その熱には、自然界に存在している熱を使う。例えば、気温で表されるように、空気中の熱であったり、河川・海水やさらには上下水などの水に含まれている熱であったり、地面の地中の熱などである。

　しかし、空気などに含まれている熱エネルギーは、そのまま利用するにはエネルギーの密度が低く、十分な効用を得ることができない。そこで、この熱エネルギーを生活空間で利用できるように加工する技術が必要となる。それがヒートポンプである。

　今まで暖房や給湯には燃料を燃やし、その熱エネルギーを空気や水に伝えて使ってきた。太陽熱温水器のように太陽熱を利用する方法や、電気ヒーターで加熱する方法なども存在するが、燃焼から熱エネルギーを得ることは使い勝手もよく、経済的であることから燃焼方式が一般的に使われている。

図表 2-8　ヒートポンプの動作イメージ

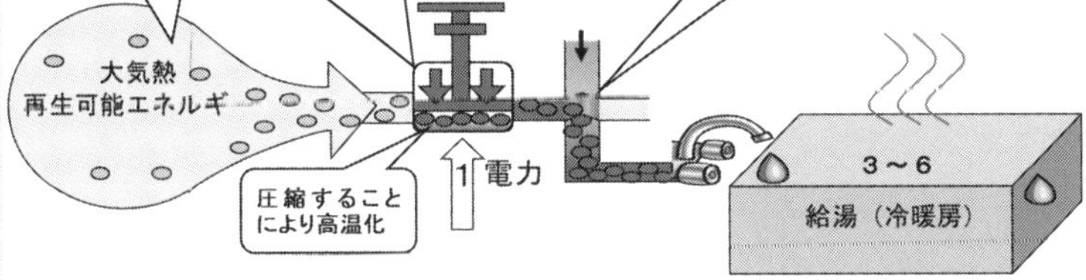

出所：筆者作成

　ヒートポンプには、燃焼装置やヒーターは入っていない。代わりに熱媒体（熱を伝える物質、「冷媒」ともいう）を圧縮させるモーター駆動の圧縮機（コンプレッサー）が入っている。コンプレッサーで加熱できるのは、自転車の空気入れを押しているとタイヤや空気入れが熱くなる現象を応用している。冷たい熱媒体を地中や空気の熱エネルギーで暖め、さらにコンプレッサーで圧力をかけて高温状態にするものである。

　理論は、200年以上前から知られており、冷房・冷却に用いる技術は他に代替する適当な装置がないこともあって、冷蔵庫や製氷機、あるいはビルの冷房装置として利用されてきた。

　これに対し、暖房・加熱用のヒートポンプは、これまで化石燃料を用いる安価な「ボイラ」が存在していたため、装置が複雑で高価なヒートポンプはあまり利用されてこなかった。

　そのヒートポンプには2つの大きな特徴がある。ひとつが今述べたと

図表 2-9　ヒートポンプ技術の応用分野

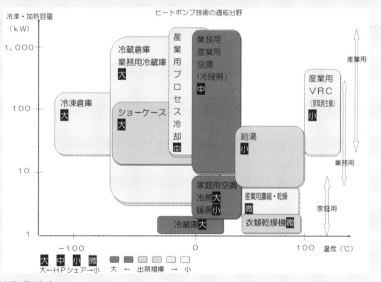

出所：筆者作成

おり、熱を汲み上げる（熱輸送）技術であること、もうひとつが高い省エネを実現できる技術であるということである。

特徴1：熱エネルギーが移動する

　ヒートポンプは、高校の物理学で学ぶ基本的な法則を活用して、空気の熱エネルギーを「使うことができる熱エネルギー」へと質を高める。

　その原理は、一般的に温度と気圧の関係を利用する。富士山頂と平地での気温を例に説明すると、標高の高い富士山頂は平地に比べて寒く気圧が低い。山頂から下りると徐々に暖かくなり、また気圧も上昇する。気圧が下がると気温が下がり、気圧が上がると気温も上昇する。この現象を「ボイル・シャルルの法則」と呼ぶ。前述の自転車の空気入れを押していると熱くなるのも（摩擦による加熱もあるが）、この圧力を上げると温度が上昇する原理によるものである。

　ヒートポンプは、この一連の動作を機械の中で行うのである。気圧（圧力）を高くするには気体を圧縮するためのコンプレッサーを使う。圧縮された気体は高温になり、そこに空気や水を通して暖房や給湯を行う。空気や水に熱エネルギーを奪われて温度の下がった気体を元の圧力に減圧（膨張）させると気体は低温になる。そこに空気や水を通せば、今度は冷房や冷水ができる。このように加熱と冷却を同時に行っているのである。すなわち、ヒートポンプとは、熱エネルギーを自ら発生させるのではなく、移動（低い所から高い所へ汲み上げ）させる装置である。これが熱輸送の技術というヒートポンプの1つ目の特徴である。

特徴2：空気の熱で省エネ

　空気にはどの程度の熱エネルギーが存在しているのか？　「温度」と「単位」の関係について簡単に触れる。日本では一般的に温度を表す単位として「摂氏（℃：セルシウス度）」が使われている。大気圧1気圧下における水の凝固点を0℃、沸点を100℃として、その間を100等

分したものに基づくものである。ところが、熱力学では、必ずしもセル
シウス度は使いやすい温度表示ではない。0℃は水が凍る目安であって、
エネルギー（エントロピー）がなくなる状態ではないからである。エネ
ルギーがまったくなくなる状態とは、熱力学の第三法則として知られて
おり、0℃よりはるかに低いマイナス273.15℃である。この温度を「絶
対零度」と呼び、熱力学では絶対零度を基準にした「絶対温度（K：
ケルビン）」で計算する。
摂氏・絶対温度の単位換算：絶対零度＝0 K＝マイナス273.15℃、
237.15 K＝0℃
　例えば、0℃から30℃とは絶対温度に換算すると、273.15 Kから
303.15 Kへの昇温となる。その差はわずか10％である。これは、仮に
0℃以下であっても、身の回りの空気（空気に限らず河川なども）には、
実に多くの熱エネルギーが存在していることを意味する。したがって、
真冬であっても空気の熱エネルギーを汲み上げて暖房・給湯を行うこと
ができるのである。
　省エネについて語るとき、「効率（熱効率）」という言葉がよく使われ
る。効率とは、得られる電気や動力などのエネルギーを消費した燃料の
発熱量で除することによって求めるものである。効率が高い（良い）とは、
同じ燃料の量で必要とするエネルギーがより多く得られることを意味す
る。
　ヒートポンプの効率を表す指標には、「エネルギー消費効率」または「成
績係数（英語ではCoefficient Of Performanceと呼び、頭文字をとって
「COP」と表す）」がある。COPの算出方法は、加熱または冷却の熱量Qを、
このQを得るために消費したエネルギー量Lで除したものである。
COPの算出方法：COP＝Q／L
　一般的な家庭用の10畳用エアコンは、暖房能力2.8kW、消費電力を
460Wとすると、暖房能力がQ、消費電力がLに相当するので、COP
＝6.0（≒2800÷460）となる（投入した電力1と空気の熱エネルギ

－5を合わせて COP＝6となる）。すなわち、1の電力で6（600％）の熱エネルギーを得るということである。燃焼による効率は、100％を超えることはないが、ヒートポンプは、投入した電力の6倍の熱エネルギーを汲み上げることができるのである。

　ただし、電気を利用する場合、発電所での発電効率を加味する必要がある。最新の火力発電所の発電効率は50％以上（高発熱基準）である。したがって、最新の火力発電所による電気を用いた場合、直接燃料を燃やすより3倍（＝6×50％）以上の熱エネルギーが得られるのである。なお、「省エネ法」では、発電効率を約37％としている。その発電効率でも約2倍となる（本書では、「省エネ法」の発電効率を加味したCOPを一次エネルギー換算効率と述べる）。

　これが高い省エネ性を持つ、ヒートポンプの2つ目の特徴である。

　熱力学で最初に学習するカルノーサイクルは、省エネ性が知られているところである。しかし、今までの装置の開発には、熱輸送の技術だけが着目され続けてきた。高い省エネ性を確保できるようなレベルに技術が達するようになったのは、2000年代以降のことである。エアコンや冷蔵庫などのヒートポンプ技術の改良が進み、心臓部の圧縮機の高性能化やインバーター、IoT技術との融合で、発電所の発電効率を考慮に入れても、燃料を用いるボイラや電気を使用しない吸収冷凍機よりも最終的な熱効率がはるかに高く、熱輸送という従来の目的に加え、高い省エネ性も兼ね備えるヒートポンプが開発されるようになった。また、その間、発電技術も進歩し、再エネ発電の増加が著しい。再エネ発電による電気を利用すれば、ゼロエミッション、すなわち完全CO_2フリー化が視野に入る。効率が高いことは、必要以上に供給側の発電設備を増強せずに済むこともメリットとして大きい。

　このヒートポンプは、近年あまりにも短い期間で高効率化や高性能化が進展したため、その省エネ効果の大きさや、地球温暖化問題に直結するCO_2排出削減効果などの効用については十分に理解が進んでこなか

った。しかし、ここにきて、世界的に環境配慮企業の間でヒートポンプが有力な省エネやCO_2排出削減の現実的な選択肢として注目を集めている。

2.2　モノをつくり、運ぶ

2.2.1　グローバルな投資指標となる温暖化対策

　投資先に環境対策を求める投資家が増えている。投資家による企業の気候変動リスクを評価するため、気候関連財務ディスクロージャータスクフォース（TCFD）も発足した。環境リスクの投資評価が確立したことにより、企業間取引において CO_2 フリーを条件として提示する企業も出現している。世界の企業は、このような金融動向の流れを敏感に捉え、戦略的に CO_2 削減に向け走り始めた。

　これまで企業活動において、温暖化対策は、企業の社会的責任（CSR）活動の一環に位置付けられてきた。環境対策は、利益を生むものではなく"コスト"である、ということがひとつの理由である。しかし、前述のように取引条件に CO_2 フリーが付されるということは、ビジネスとして発注をする製品の仕様に織り込まれることであり、売り上げに直接影響を及ぼすということでもある。これからは、CO_2 削減に向けた取り組みを各方面のステークホルダーに対して開示していくことが求められる。

　投資家向け広報活動（IR）のなかで、ESG投資が話題となることもその一環である。企業を財務情報だけでなく、環境（Environment）、社会（Social）、ガバナンス（Governance）などの「長期的な企業価値の最大化に寄与しているか」を投資家は評価するようになってきた。

　企業価値にとどまらず、さらに市場や社会全体の価値向上に考慮することで長期リターンの最大化を期待する投資家も、欧米を中心に増加してい

る。米国カリフォルニア州職員退職年金基金など、資産規模の大きい年金基金などは市場や経済全体に与える影響力が大きく、自らの運用で市場や経済の潮流を変えるべく ESG 投資を行っている。全世界の資産運用残高のうち、ESG を考慮した投資の割合は約3割まで上昇し、特に欧州では約6割にまで拡大しているといわれている。

　しかし、このような企業のレピュテーショナル・リスクは定量化が困難であり、定性的な判断に頼りがちで標準化もされていない。ただ、温暖化対策に関していえば、排出量は定量化でき、ESG 要素のなかでも評価しやすい基準である。

　この ESG 向けに自発的に「持続可能な開発目標（SDGs）」や「Renewable Energy 100%（RE100）」などに参加する企業が増えている。

　SDGs は、17 のゴールと 169 のターゲットから構成されている、持続可能な開発のために国際社会が 2030 年までに達成すべき目標であり、エネルギー（ゴール7）や気候変動（ゴール 17）も含まれている。法的拘束力はないが、日本を含む各国政府は SDGs の達成に努めることを約束している。SDGs は企業の貢献への期待も大きい。アジェンダには、企業活動に係わるゴールも多く、取り組みを公表する企業も増えている。

　RE100 は、事業を 100% 再エネで賄うことを目指す企業連合であり、加盟に当たり、自ら決めた時期までに使用電力を再エネ 100% にすることを宣言する。再エネ電気の調達計画を RE100 事務局に提出し、厳密な審査を受けるものである。

　ただし、RE100 の場合、電力だけが対象であり、化石燃料の直接利用については言及されていない。RE100 は、化石燃料を直接燃焼していることについては不問という問題を抱えている。再エネ電気の調達量に電力需要を抑制し、残りは燃料需要にすることでも RE100 は実現する。しかし、これでは活動の目的とは異なってしまう。RE100 の趣旨に合致するように、認定を希望する企業は、燃料を電化したり電気自動車（以下 EV）を導入したりすることが望ましい。このように、環境対策が投資の判断基準に織

り込まれると、CSR の概念を超えて売り上げに直結する経営課題になる。

2．2．2　産業部門のエネルギー消費と熱エネルギーのイノ ベーション

（1）産業部門で消費するエネルギー

　エネルギーは、電力に注目が集まりやすいが、日本の最終エネルギー消費は、電力 25％に対し、熱・燃料が 75％である。本書で何度も述べているとおり、消費者側での化石燃料の直接燃焼の需要こそ再エネ化を図らなければならない。75％が再エネへ転換する余地のある需要ということである。

　産業部門の最終エネルギー消費は、現在、最終エネルギー消費全体の 47％を占めている。1970 年代には 66％であった。40 年余りの間に約 20 ポイント減少したことになるが、これは、製造業（第二次産業）中心からサービス産業（第三次産業）中心に日本の経済の構造が変化したことによ

図表 2-10　最終エネルギー消費の約半分を占める産業部門

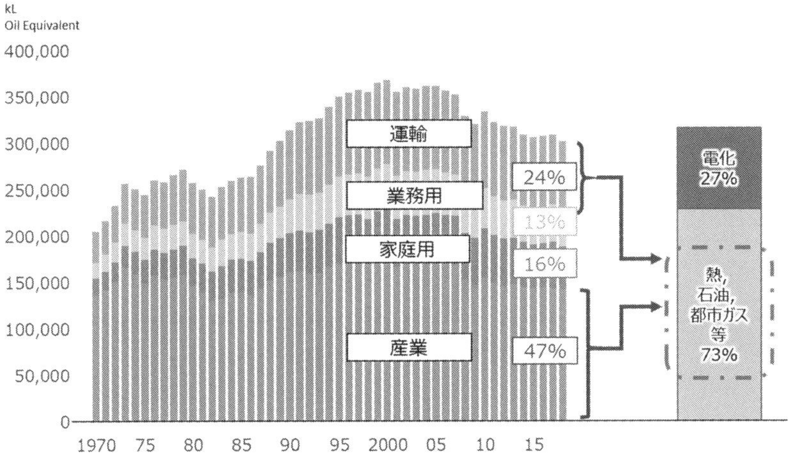

出所：EDMC「エネルギー・経済統計要覧 2020」を基に筆者作成

る。現在、GDP に占める第三次産業の割合は約 75％である。

　石油危機以降の最終エネルギー消費の推移を見ると、家庭部門や業務部門の民生部門が大きく伸びているのに対して、産業部門のエネルギー消費はほぼ横ばいで推移している。産業用のエネルギー消費の割合が減少したのはこのためである。

　産業部門のエネルギー消費が横ばいで推移した理由は、ひとつにはエネルギー使用の合理化がある。石油危機以降、生産設備の省エネ化が進んでいる。「省エネ法」では一定規模以上の工場などの事業者に対して、毎年１％の生産原単位の改善と中長期計画の提出を求めている。生産原単位とは、生産物の単位当たりのエネルギー消費量であり、例えば、ひとつの製品を造る際に消費するエネルギーを減らすことを求めている。経済成長も求められていることから生産量を抑制するものではないため、ある程度合理的な指標である。これらの取り組みの結果、産業部門の省エネ対策は世界最高水準となり、今や乾いた雑巾を絞ると例えられるように、ほぼ対策をやり尽くされた感がある。同様の設備構成で無駄を減らす「改善」を積み上げていっても、いずれ効果がサチュレーションすることは確実であるので、これからは、化石燃料を消費しない、再エネ電源と電化を進めるといった、抜本的な「改革」が必要である。現在の「省エネ法」では、この「改革」努力が評価されないという課題がある。この点については２.２.３（３）にて解説する。

　もうひとつの理由は、産業構造の変化である。国内生産から海外生産のシフトによる、そもそもの需要の減少である。かつては日本全国に工場が存在していた。マスプロダクトの進展により、小規模な工場では生産効率が劣るため、工場の集約と大型化が進んだ。しかしながら、生産性向上を追求すると国内の敷地では物理的な面積で制約があり、広大な敷地と低廉な労働単価の中国・東南アジアなどへ日本企業の工場は進出した。特に労働力を必要とする繊維産業や機械産業の移転が著しい。この結果は、最終エネルギー消費の産業内訳から読み取ることができる。

図表 2-11　産業部門の電化率推移と産業内訳

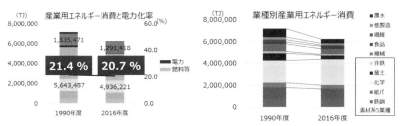

出所：EDMC「エネルギー・経済統計要覧 2020」を基に筆者作成

　1990 年代から現在に至るまで、最終エネルギー消費は電力消費で 0.9 倍、燃料消費で 0.8 倍に減少しているが、機械産業の減少が大きい。「素材産業」と呼ばれる鉄鋼・化学・セメント・紙パルプ・非鉄金属の総量は変化していない。その結果、今や素材産業が産業部門のエネルギー消費のほとんどを占めることになった。素材産業、なかでも鉄鋼業・化学産業は化石燃料をエネルギー源としてだけではなく、原材料としても利用している。すなわち、電化をしにくい業種である。

　電化率の推移がそれを物語っている。1990 年代から現在に至るまで産業部門の電化率は 20％程度で推移しているが、工程で旋盤・プレス機・ロボットなど電動機器を必要とする加工組立産業が海外移転した結果、電化率は漸減傾向である。最近は、加工組立産業の国内回帰の動きが見られるが、低廉な人件費やマスプロダクトの時代が終わり、自動化・デジタル化やマスカスタマイズの時代に入ったことの影響であろう。こうした時代の波に乗って、価格競争力があり、かつ安定した品質の製品を製造できる工場でなければ、世界市場で生き延びることが難しい時代になってきている。

　素材産業では、化石燃料を原材料として利用していると述べたが、多くは原材料であることに加え、化学反応に伴う反応熱や燃焼熱を利用することが多い。すなわち、熱源としても用いられているのである。この化石資源の熱化学反応などを利用したコークスによる製鉄や化石資源を燃料とし

て利用する蒸留型の石油精製のシステムから、化石資源を合理的に活用することと高度な熱エネルギーマネジメントを両立させるシステムの構築が求められる。

　すなわち、これらから産業部門として、
* 熱エネルギーのマネジメント
* 生産工程の合理化・デジタル化
* 化石資源を原材料として利用する産業では化石資源の有効活用・リサイクル
の取り組みが欠かせないと考える。

（2）100℃未満の低温度の熱エネルギー

　工場など生産工程の現場では、温水洗浄などの工程で100℃未満の熱需要が多く発生する。この熱需要には、民生部門同様、ヒートポンプが有効である。熱量当たりの単価の単純比較では、電気よりも石油・ガスが勝っているものの、ヒートポンプを使えば同じ熱量でも消費電力量が1/3以下になるため、石油やガスに比べて経済性が出る。

　製薬工場を例にすると、空調が必要なクリーンルームや生産プロセスにおける乾燥工程、洗浄工程、滅菌工程などに熱需要がある。過去に、筆者は当該業界団体の温暖化防止事例・改善事例発表の研修会の講師を務めたことがある。そのとき、蒸気インフラの省エネ改善に向けた取り組みに相当な努力を払っていることを報告した設備担当者がいた。このような努力を継続することは非常に重要なことであり、その事例をそのような研修会を通して共有化することは、業界の技術レベルの底上げに極めて効果的である。多くの発表は、改善に向けた対策と、その効果であった。2000年ごろは、まだヒートポンプはメジャーな省エネ技術ではなかったからかもしれないが、蒸気を利用して温水を作る、乾燥させる、こういった生産工程の常識にもう一度向かい合うと、必ずしも蒸気である必要がないケースを見つけることができる。要は、ヒートポンプは、この温水や給水加温・

空調・乾燥などの工程に今後導入が期待される省エネ技術であること、このような革新技術をどのようにして生産ラインや空調設備に導入していくか、まず検討することが新たな取り組みの第一歩であることを提案した。

　ヒートポンプについては、2.1「冷暖房・給湯で大きな変化をもたらしたヒートポンプ」のコラムで説明したが、乾燥工程や加温（100℃未満）などの加熱需要に使えるようになったことで、生産プロセスへの導入への道が拓けた。

　生産プロセスにおける給湯需要を例示すると、製薬業では80℃の高温蒸留水を使用、自動車産業では車体塗装前の洗浄工程で60 ～ 80℃の温水をシャワー状で使用、食品業では配管洗浄工程で80 ～ 90℃の温水を使用、なお、配管洗浄は工場の毎日の生産終了後の夜間に行う。また、電機部品の洗浄ラインでは40 ～ 50℃の温水を使用している。

　これらはいずれも、現状ではボイラで蒸気を作り、蒸気からの熱交換で温水を作っている。温水として使われたエネルギーは、ボイラで消費された燃料の持つエネルギーの50％程度に過ぎない。温水需要のために高温の蒸気を用いることは、途中の配管などから多くの熱ロスが発生しているのである。

図表 2-12　ボイラの燃料投入からドレン排出までのエネルギーフロー

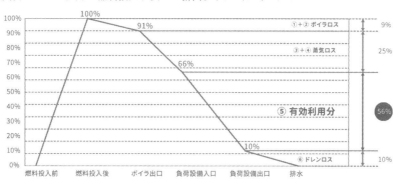

出所：東京電力エナジーパートナー提案資料（2020 年）

工場内に給湯需要（生産プロセス・手洗い・厨房・入浴など）や空調需要（クリーンルーム・恒温恒湿室など）が存在するのであれば、従来のエネルギープラントからの蒸気供給方式からヒートポンプ給湯機に代替することにより、高い省エネ・温暖化防止効果が期待できる。

(3) 100℃以上の熱エネルギー

　ヒートポンプは、温度が高くなるほど技術的・理論的に適用が困難になる。電力を使って100℃以上の温度に加熱するには、抵抗加熱方式のヒーターなどに頼らざるを得ない。

　一般的にヒーターは、省エネ性・経済性がないといわれている。ヒーターで加熱する場合は、不必要に加熱をさせない使い方と組み合わせることが必要である。ヒーターの優位性は、局所加熱や急速に加熱させることができるところにある。この特徴を生かし、直接燃焼では、ロスとなっている熱エネルギーを最小限に抑えることや、デジタル技術やセンサーの開発によってヒーターを効率よく活用できる技術開発が進んでいる。

　自動車の完成車の工場では、ボディの塗装工程や洗浄・乾燥工程で多くのエネルギーを消費している。塗装工程は、有機溶媒（VOC）の大気への放出防止やチリなどの混入を防ぐために、密閉された大空間の塗装ブースを用いることが多い。塗装の品質を維持することと自動車の塗装を乾燥させるため、ボイラ蒸気を使ってこの塗装ブース全体を空調する。これが塗装工程でエネルギーも多く消費する理由である。これに対し、塗装面を直接赤外線ヒーターで乾燥させる技術と、塗料もVOCの発生しない水性塗料に変更することで、ブース全体を空調しなくても塗装することが可能となった。生産ラインも短縮化され、生産性も向上している。このように、エネルギーだけではなく、工程の見直しや原材料の開発による相乗効果も期待される。

　このほか、昨今は、ヒーターに加えて加工品を直接加熱する誘導加熱のIH（インダクションヒーティング）方式の技術開発も進んでいる。

（4）燃料の非化石化

自動車の塗装乾燥工程での赤外線過熱を前述したが、それでも乾燥工程など大量に熱を必要とする工程では、燃焼式に対し、ヒーターやIHは受電設備容量が大きくなることや空気などの気体を急速に加熱する点で劣っている。燃焼技術の良さを生かしつつ、CO_2を排出しない燃料として水素の活用が視野に入る。水素の利用拡大に関しては第3章で説明する。

工場などで水素利用する場合、水素の供給方法には2つの方法が考えられる。ひとつは、トラックや水素ガス管などで輸送する方法と、もうひとつは、利用場所オンサイトで水の電気分解によって製造する「Power to Gas（P2G）」である。

水素のメリットは、電気と異なりガス体エネルギーとしてタンクに蓄えられることと、物質変化がないので長期にわたっての貯蔵が可能であることである。しかし、再度、水素から発電して電力を得ようとすると、充放電効率が蓄電池に比べ大幅に低下することがデメリットである。蓄電池の充放電効率が70～80％であるのに対し、水素の場合は、水の電気分解で効率80％、水素発電で効率50％であり（ともに理論に近い効率）、結果として充放電効率は40％程度にとどまる。

図表 2-13　P2G のエネルギー効率

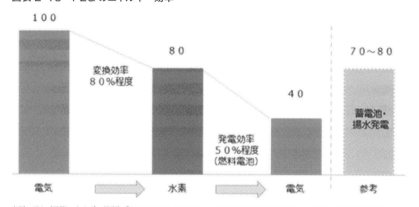

出所：IEA（国際エネルギー機関）「Technology Roadmap Hydrogen and Fuel Cells」（2015）を基に筆者作成

発電効率より水電解効率のほうが高いことに鑑みると、水素はガス体エネルギーのまま消費することがより効率的な手段だといえる。水素を燃料として使うということである。もちろん、これまで論じてきたとおり、水素を製造するための電力は再エネ発電であることが必要であり、再エネ余剰電力の利用には特に適している。

（5）排熱の活用

　日本の一次エネルギー供給量は年間約20EJ（エクサジュール：1018ジュール、約5.6兆kWh）であるが、その約6割が有効利用されずに未利用熱エネルギーとして環境に放出されていると見られている。

　このうち、電力業を含む15業種の製造業の未利用熱エネルギーとエネルギーの利用状況の実態調査が、2019年に未利用熱エネルギー革新的活用技術研究組合（TherMAT）によって実施され、その結果が公表されて

図表 2-14　日本のエネルギー需給

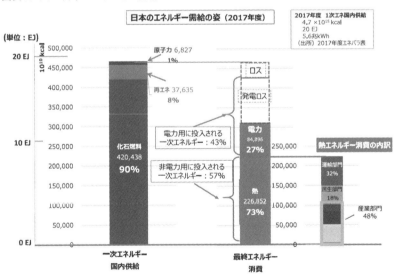

出所：日本太陽エネルギー学会「Journal of Japan Solar Energy Society（Vol.46 No. 3）」（2020年）

いる。[1]

　その結果によると、電力業を含む 15 業種の製造業で年間排出されている未利用の排ガスの熱エネルギーの合計は、743PJ（ペタジュール：1015 ジュール）になると推計されている。これは、2017 年度の日本のエネルギー最終消費量（13.5EJ）の約 6 ％に当たる量である。

　その内訳は、電力業が 35 ％、鉄鋼業と化学産業がそれぞれ 14 ％、窯業・土石産業が 6 ％を占めており、この 4 業種で未利用排ガス熱エネルギー全体の約 7 割を占めている。

　温度帯別に見ると、鉄鋼業などの一部の産業に 500℃以上の排熱があるが、排熱のほとんどは 200℃未満の温度帯のもので、それが未利用熱エネルギー合計の 76 ％を占めていることが明らかとなっている。

　特に、このなかでは、電力業から 100 ～ 149℃の温度帯を中心に排熱量全体の 25 ％に上る多量の未利用熱エネルギーが、また、清掃工場から 200℃前後の温度帯のかなりの量（全体の 6 ％）の未利用熱エネルギーが、排ガスとして排出されている。

　また産業別に、その産業で必要とされる熱の温度域と、同産業から排出されている熱の温度域を図表 2-15 に示す。

　図表 2-15 からは、鉄鋼と石油化学産業以外のほとんどの産業で必要とされる熱エネルギーの温度帯は 180℃以下であることがわかる。[2]

　しかし、技術的には可能であったとしても、未利用熱エネルギーの効率的な利用が進まない理由や事情がある。そのひとつは、未利用熱エネルギーの利用による CO_2 排出削減の経済的な価値が現状では見いだせないために、ヒートポンプ導入に要するコスト負担が導入の障害となっているといった、経済性の問題である。

　この経済性の問題に加えて、

* 未利用熱エネルギーの温度や形態が、多様で広く分散していること
* 需要側と供給側の熱の「質」と「量」とが、時間的・空間的に一致していないこと

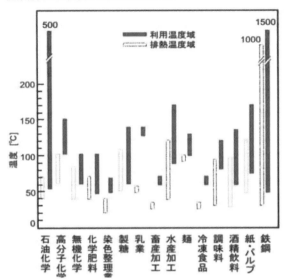

出所：日本太陽エネルギー学会「Journal of Japan Solar Energy Society（Vol.46 No. 3）」（2020 年）

という、現在のエネルギーシステムの構造に起因する問題もある。

　低温廃熱は、発生場所における用途が限定されることなどから大部分が捨てられているのが現状であるが、その時間的・空間的不一致の解消方法として、蓄熱材を活用する事例がある。具体的には、工場などで発生する廃熱を蓄熱材に貯蔵し、熱の利用先までトレーラーやトラックなどで運搬するオフライン熱輸送システムである。

　熱輸送システムには、糖類などの融解熱を利用する固液相変化材（PCM）や高性能無機系吸放湿材（ハスクレイ）を用いる。特にハスクレイは、水の吸着・脱着反応により、放熱・蓄熱を行うため、蓄熱槽を乾燥状態で維持すれば潜熱ロスが発生しないなど、相変化方式では限定されやすい熱利用温度域を拡大することも可能となっている。工場間での熱利用の取り組みも実証段階にある。

図表 2-16　オフライン熱輸送システムにおける熱利用イメージ（工場間）

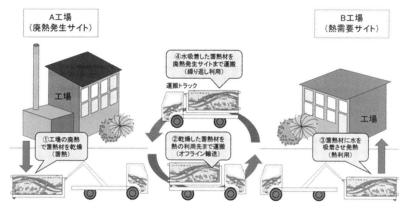

出所：産業技術総合研究所「100℃以下の廃熱を利用可能なコンパクト型高性能蓄熱システムを開発」（2019 年 7 月
25 日）

2.2.3　経済成長を支える環境対策へ

（1）国内総生産を支える産業部門

　2010 年代後半の日本の国内総生産（GDP）は、500 兆～ 550 兆円／年
である。輸出入額は約 80 兆円／年であり、経常収支は約 20 兆円／年の黒
字である。日本は資源が乏しい国であり、燃料はほぼ輸入に頼っている。
その燃料の輸入額は、約 15 兆円（原油 7.5 兆円／年、天然ガス 4 兆円／年、
石炭 2.5 兆円／年、他 1 兆円／年）であり、輸入額の約 20％、経常収支黒
字額に相当する。原料は製品として形となって社会に蓄積されるものであ
るが、燃料は消費してなくなってしまう。常に海外に資金が支出し、国富
が流出する。

　しかし、エネルギーは社会の基盤であり、それを作り出すためには燃料
が不可欠である。輸入に頼らざるを得ないのである。日本のエネルギーの
自給率は、わずかに約 9％でしかないため、輸入が滞ると経済が破綻する。
このようなエネルギーの脆弱性を解消させること、すなわち、エネルギー
セキュリティーを考えた場合、自給率の向上は必須である。

その自給率の向上に再エネ発電は寄与する。CO_2フリー電源への投資を国内において行うものであり、環境投資として内需の拡大にもつながる。

　消費者側で消費されている化石燃料を原油の輸入量の約8割、石炭は半分と想定した場合、約7兆円の費用を要していることになる。これに国内の流通にかかる費用を上乗せすれば、国内の化石燃料は10兆円規模で流通している。この費用を、再エネ発電を利用する設備投資に回すことで、内需の拡大と経常収支の改善が同時達成できる。もちろん、経済性を考えると、輸入する再エネ由来の燃料とのポートフォリオを組むことも必要だ。

　加えて、従来の需要家側の設備インフラから昨今のデジタル化された設

図表 2-17　環境投資が化石燃料消費を抑制し、経済成長を牽引するイメージ図

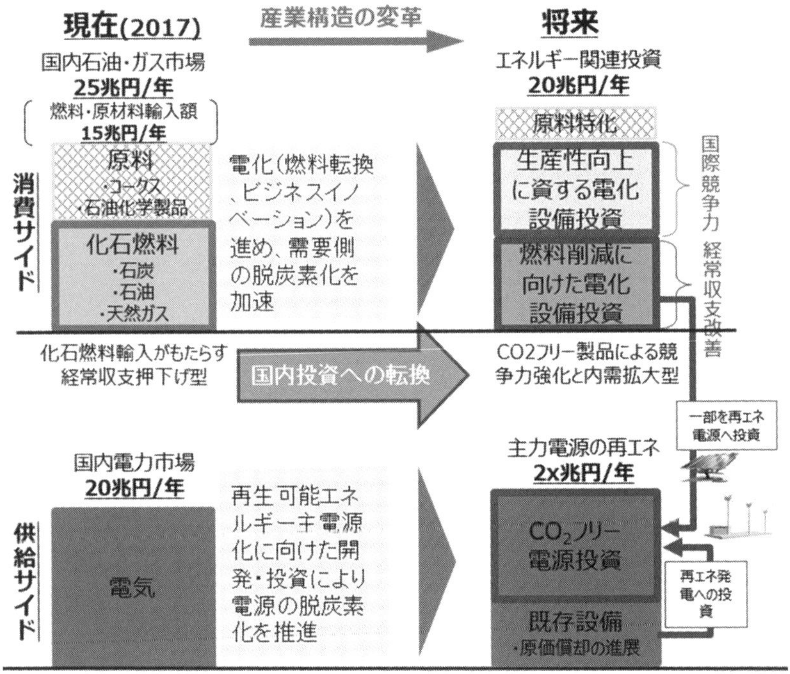

出所：筆者作成

備にリニューアルすることで、製品の国際競争力の向上にもつなげること
が可能となる。蒸気などのインフラにはなじまないが、電化であれば、デ
ジタル化や個別分散型の設備インフラは対応可能である。すなわち、生産
設備の高度化と電化は親和性が高い。仮説であるが、この生産設備の高
度化の投資規模を燃料の流通額の 10 兆円とほぼ同じ規模と想定した場合、
需要側でのエネルギー関連投資は 20 兆円規模と見積もる。

　国は、「日本再興戦略 2016」において名目 GDP を 2020 年までに 600 兆
円まで引き上げることを目指し（折しもコロナ禍の影響で実現はしていな
いが）、環境・エネルギー制約の克服と投資拡大で 28 兆円の市場規模（2030
年）を盛り込んだ。電化への投資は、その実現に向けた現実的な手段であ
るといえるだろう。

（2）電気利用を阻む課題と解決策

　非常に大雑把な試算であるが、国内のエネルギー種別ごと 1 円当たりの
熱量を比較すると、石油は電気に対して約 2 倍、ガスも約 1.6 倍である（熱
量は『エネルギー経済統計要覧』、売上は各業界の想定市場規模より筆者
試算）。

* 石油　1562 兆 kcal ÷ 約 20 兆円 ≒ 78.1kcal ／円
* ガス　336 兆 kcal ÷ 約 5 兆円 = 67.2kcal ／円
* 電気　833 兆 kcal ÷ 約 20 兆円 = 41.7kcal ／円

　石油やガスは、輸入した燃料を使い勝手の良い燃料製品に加工して供給
するものの、基本的には燃料のまま供給するのに対し、電気は、燃料費に
加えて発電所の投資額が上乗せされるため、最終エネルギー消費量当たり
の単価が燃料に比べて高くなる。照明や電気製品など、電力でしか稼働し
ない機器設備は、電力以外に選択肢はないが、熱需要や運輸は、電気でも
燃料でもいずれも選択可能である。経済性で考えれば、当然、安価なエネ
ルギーに優位性が出てくる。安価な化石燃料が CO_2 フリーの再エネ発電
の普及を阻害しているともいえる。

（3）省エネと温暖化対策の法律　「省エネ法」の課題

　政策的にも電力需要増加の阻害要因がある。省エネや新エネルギー政策の起源は石油危機である。「省エネ法」とは、1979 年に制定された「エネルギーの使用の合理化等に関する法律」のことをいう。すなわち、省エネとは一般的な言葉で使われているものの、国の政策ではエネルギーの削減というよりも原油の削減の色が濃いのである。

　今では「内外におけるエネルギーをめぐる経済的社会的環境に応じた燃料資源の有効な利用の確保に資するため、工場等、輸送、建築物及び機械器具等についてのエネルギーの使用の合理化に関する所要の措置、電気の需要の平準化に関する所要の措置その他エネルギーの使用の合理化等を総合的に進めるために必要な措置を講ずることとし、もって国民経済の健全な発展に寄与すること」を目的としている。

　しかし、現在でも「省エネ法」に基づき一定規模以上の事業者が行う報告には「原油削減量キロリットル」が用いられている。「省エネ法」が当初の目的が原油消費量の削減であることを端的に表している。

　ほかに「新エネ法（新エネルギー利用等の促進に関する特別措置法）」や「代エネ法（非化石エネルギーの開発及び導入の促進に関する法律）」も非化石エネルギー化を目指すことも目的に含まれているが、「省エネ法」と同じく原油代替が当初の目的であった。

　一方、「温対法（地球温暖化対策の推進に関する法律）」は、1998 年にCOP3 での京都議定書の採択を受け、国、地方公共団体、事業者、国民が一体となって地球温暖化対策に取り組むための枠組みを定めた法律である。

　2006 年から、「省エネ法」の一定規模以上の事業者による定期報告の中に、「温対法」に基づく定期報告も組み込まれている。すなわち、一定規模以上の事業者は、「省エネ法」と「温対法」の定期報告を同時に行っているのである。

　一般的に定期報告での報告値は、省エネ対策を講じれば一次エネルギー

が減少し、一次エネルギーの減少と比例してCO_2排出量も減るので高い相関性がある。しかし、「省エネ法」は、需要側での対策を原油に換算して評価するため、供給側での対策は加味されない。つまり、電気の場合、供給側で非化石エネルギー起源の発電の比率を高めても、需要側の対策には発電種別に関係なく、電気の削減効果を火力発電所の発電効率に基づいた一次エネルギー換算係数を用いることになっている。

　「温対法」でも、電力・ガスの自由化前は、実質、旧一般電気事業者のCO_2排出原単位を用いて報告していたため、各旧一般電気事業者のCO_2排出原単位に多少の違いはあるものの大きな差は生じていなかった。

　しかし、電力自由化により、再エネによる発電だけの小売電気事業者も登場してきた。また、再生可能エネルギーの発電に電源を特定することも可能となった。したがって、「温対法」では、再エネの電力だけで事業を行った場合、CO_2排出量を「ゼロ」とすることができる。一方、「省エネ法」の電気の換算係数は火力発電原単位のひとつしかないため、「一次エネルギーは一定量消費した」ことになってしまう。

　その結果、化石燃料を直接消費していた需要家が温暖化対策として再エ

図表 2-18　一次エネルギー換算に含まれない非化石電源利用

・　省エネ法では非化石起源の電源を評価することはできない 　　（削減した電力に相当する「原油消費の抑制量」を評価するため）

出所：筆者作成

ネ発電の電力を使って電化した場合、CO_2排出量は減ったものの一次エ
ネ消費量は増加してしまうという、ねじれ現象も発生するケースがある。
「省エネ法」で一定規模以上の需要家（事業者）に義務を課している中長
期計画と定期報告には、石油換算単位での算定を求めている。したがって、
需要家は、これまで「省エネ法」に基づいて原油（一次エネルギー）削減
効果の高い省エネ計画を立ててきた。しかし、需要家が、今後も「温対
法」よりなじみがある「省エネ法」に従って一次エネルギー削減を優先し
て取り組むと、CO_2排出削減機会を逸してしまうケースが生じる。つまり、
原油消費の削減から始まった現行の「省エネ法」では、需要家が再エネ発
電の電気を積極的に購入しようとしても、系統から購入してきた再エネ電
気は評価されないため、実質的にディスインセンティブになっている。

　再エネ主力電源化と電化技術の普及は、脱炭素社会実現に向けた重要な
ピースであり、それには、事業者の電気設備導入に合理的なインセンティ
ブが働かなくてはならない。石油危機の時代のレガシーとなってしまって
いる法制度も、時代に合わせて変革させていく必要がある。そのためには、
「省エネ法」において再エネ発電を選択した事業者には、再エネ発電分を
一次エネルギー消費量から減免するなどの制度の改革が急務である。

（4）大規模改修ができない設備更新の課題

　需要家側の課題もある。生産設備を更新するためには設備投資が伴う。
工場を新設する場合は、工場インフラから生産設備まで最新の設備を導入
すればよいが、工場の多くは、既存の工場を改修し、生産計画に合わせて
新しい生産設備の導入や既存設備の改造を行うことが一般的である。既存
の工場には、電気設備やガス設備、蒸気・水配管などユーティリティーが
存在しており、生産設備もそのユーティリティーありきで設計する。当然
のことながら、経済合理性の観点から、一部の生産設備のために既存のユー
ティリティーをすべて改修する理由はないからである。

　また、生産管理部門は製品を製造することが目的であることから、電気・

ガス・水・蒸気などを自ら調達するよりもユーティリティー部門に任せることが多い。生産に必要なエネルギーなどはスペックとして提示し、自らは生産設備の維持管理に専念したほうが合理的である。

　その結果、ユーティリティー部門も生産管理部門も各々の管理範囲での改修に限られてしまうケースが散見される。製品を製造するうえでは、特に問題はないだろうが、エネルギー使用の合理化を図るうえでは、抜本的な改修やエネルギー源の転換などに適合しにくいところがある。例えば、蒸気インフラがあると生産設備のリプレースも蒸気依存設備になり、生産設備に蒸気が必要となるからユーティリティーも蒸気を供給するという循環の構図をつくってしまう。

　特に蒸気インフラは、大型ボイラ＋蒸気配管で構成され、工場の中心または片隅に設けられたボイラ室から各建屋に網の目のように張り巡らされているのが一般的である。蒸気は、使い終われば廃棄物もなく単に「水」に戻るだけであり、工場にとっては非常に扱いやすい物質・エネルギーなのである。

　高温であることから熱として利用すること、高圧であることからアクチュエーターとして利用すること、さらには洗浄工程や加湿など利用先は多岐にわたる。そのうえ、アキュムレーターに蒸気を蓄えることで蓄エネルギーにも向いている。

　燃料を焚いて水を蒸発するだけの構造であることから、高度な技術がまだなかった高度経済成長時代に多くの工場で導入された。50年を経た現在、建屋などは建て替えられているものの、構内の蒸気インフラは既存の配管などが活用されている。または、配管は改修されているかもしれないが、蒸気インフラという根幹に変化はない。

　一度導入してしまうと改修後も同じ設備になってしまうことを「ロックイン効果」と呼んでいる。例えば、既存のユーティリティーに蒸気配管があれば、生産設備のリプレースも蒸気を活用するものになる。ユーティリティーの更新時期には、今度は蒸気を用いる生産設備が制約となって蒸気

配管が更新される。このように、一度導入された設備の燃料転換は難しい。これがロックイン効果である。

　このロックイン効果が、今後の温暖化対策を進めるうえで障壁となることが懸念される。一般的に、設備は15年でリプレース時期を迎えるとされている。菅首相がカーボンニュートラルを宣言した目標年次である2050年まであと約30年間の期間があり、工場や建築物で利用されている多くの設備は、少なくとも一回は更新の時期を迎える。したがって、その機会に化石燃料を使用する設備を置き換えることができれば、需要サイドの非化石化に期待が持てる。

　しかし、ロックイン効果により、設備更新時に抜本的な改修を図る事業者は、通常はそれほど多くない。蒸気インフラのような工場のコアをなすインフラの場合、トラブルが発生するとその影響は甚大であり、そのようなトラブルのリスクを回避しようとすれば、ロックイン効果はさらに強固になってしまうだろう。その対策として、個別・分散型の生産設備を徐々に導入する方法が考えられる。

(5) マスプロダクトからマスカスタマイズする生産ライン

　市場のニーズが多様化し、多品種少量の生産設備が求められるようになると、生産設備を小型・個別分散型に置き換えていくインセンティブになる。小型・個別分散型の生産設備では、従来主流であったライン生産方式ではなくセル生産方式が採用される。また、生産拠点のグローバル化や貿易の不確実性の高まりから、生産システム自体に柔軟性が求められるようになってきた。大型の生産設備は、生産調整により設備稼働率が低下すれば、効率の低下が顕著に表れる。また、急激な需要の増減に対応することも難しい。そのような外部環境変化に対応するため、例えば、生産システムをユニット単位でプレハブ型とし、そのユニットを増減設することで生産調整に対応したり、消費地が変わることで生産拠点を移転する際にユニット化した生産システムを移設してしまうようなことが可能になる。

　このようなユニット型の生産システムは、ユーティリティーに柔軟性を
求めるため、蒸気のような取り回しが難しいエネルギーインフラよりも、
柔軟性の高い電気式が有利になってくる。

　このように、単にユーティリティーを非化石化するだけでなく、生産
設備を小型・個別分散型に変更し、生産性の向上など生産工程の見直し
と併せて行えば、ロックイン効果を克服し、電化に転換していくことが
可能となろう。実は、そのようなシステムが実用段階に入ってきている。
2．2．2（3）で紹介した、自動車工場でのボイラ蒸気乾燥から赤外線乾
燥にシフトした事例である。

（6）IoT技術による生産部門のエネルギーマネジメントシステムの構築

　前述の問題を克服していくためには、熱プロセスの電化を通じたIoT
技術の導入により、「時間」「空間」を超えたエネルギー管理を進めていく
こと――エネルギーマネジメントシステム（EMS）の構築など――が重
要となる。そしてそのためには、マネジメントに必要となる生産プロセス
間、地域内の異なるエネルギー関連セクター間のデータ連携を図ることが
必要となる。そうしたデータ連携を実現することによって、物理的空間や
時間を超えたエネルギーの効率的な利用に価値が生まれ、エネルギーマネ
ジメントに市場メカニズムの効果を導入することも可能となると思われ
る。

　ここで「空間」には、これまで各工場では必ず行われてきた製造プロセ
ス単位のエネルギー管理に加え、工場内の製造部門とユーティリティー部
門、そして環境処理部門など、部門を超えたエネルギーマネジメントを考
えることが重要となる。さらに、今後はこれにとどまることなく、企業を
超えたエネルギーマネジメント、地域社会と企業の連携によるエネルギー
マネジメントなどといった、工場、企業の枠を超えた連携も含めて考えて
いく必要があるだろう。地域では、「空間」に産業の立地の在り方まで含
めて、地域のエネルギーマネジメントを考えていく必要があるだろう。

また「時間」には、エネルギー供給、貯蔵の時間的調整に加えて、工場内プロセス間のエネルギー需要の時間的調整、工場やエネルギー需要の大きい施設間での操業時間や運転パターンの調整などといった視点を含める必要があるだろう（図表2-18）。

　デンマークの「Kalundborg（産業共生地域）」における異業種連携では、電力、廃棄物処理産業がその構成産業となっており、前述した未利用熱エネルギーの活用に着目した産業立地という考え方から見て興味深い。

　産業部門、熱エネルギーのエネルギーマネジメントへのIoTの導入には、それによって、より効率的かつ有効な資源（エネルギー、原料）の有効利用が図れるという明らかなメリットがある。しかし、そのためには、以下のような取り組みと課題の克服が必要となる。

　①技術的課題

* EMS構築に必要となるデータ連携システムの基本設計（柔軟性、冗長性、運用ルール）

図表 2-18　組み立て工程への適用

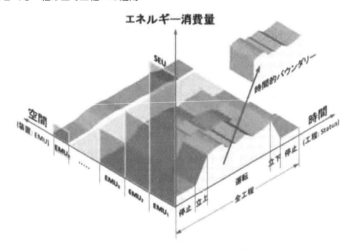

EMU:　エネルギーマネジメントユニット：エネルギーの管理単位

出所：日本太陽エネルギー学会「Journal of Japan Solar Energy Society（Vol.46 No. 3）」（2020年）

* システムの頑健性（情報セキュリティー、プライバシー）の確保
　②経済的課題
* 経済性の確保（初期投資、運用経費、費用便益判断）
　③社会的課題
* 合理的な連携範囲の特定
などが挙げられる。

　これらの課題は、基本的には民間企業の取り組みによって克服されるべきものであるが、データ連携システムの基本設計に係る標準化の推進や基盤的ルールの策定については、政府をはじめとする公的セクターの役割が大きい。また、この取り組みは、広範囲の業種にわたる多くの企業による取り組みが不可欠であることから、こうしたシステム構築のメリットが課題克服の困難を上回ることをモデルシステムのような形で具体的に示して、民間企業の積極的な取り組みを促していく必要があると考えられる。

　特に企業の製造工程に係るエネルギーの使用実態を含む情報は、一般的に企業秘密やノウハウに係るとされていることから、民間主体による自律的な連携関係の構築は進みにくいのが実情である。こうしたことから、政策当局としては、連携の範囲、バウンダリー、連携に係る調整ルールなどの面での各連携主体間の調整、連携による外部利益の顕在化、そして連携主体間の（外部利益の配分を含む）利害調整などにおいて、政府または第三者的な機関による積極的な関与と調整が必要となることに留意するべきであろう。

2.2.4　業種別の脱化石燃料化技術

(1) 製鉄の脱炭素化

　かつて、クレイトン・クリステンセンが提唱した『イノベーションのジレンマ』の中で、破壊的イノベーションの事例として「ハードディスク」「掘削機」「製鉄」の3つの技術を取り上げた。製鉄は日本の主力産業でもあり、

一方で年間約 1.9 億 t の CO_2 を排出していることから、今後の日本の経済成長と環境対策においてカギを握る産業である。

『イノベーションのジレンマ』では、製鉄のイノベーションは「ミニミル」によってもたらされたとしている。ミニミルとは、一般的に電気炉式の製鉄技術や DRI と呼ばれる天然ガスによる直接還元炉を指す。これに対して、現在主流の製鉄技術である高炉式は「インテグレーテッドミル」と呼ばれる。

電気炉は、鉄スクラップを大型の釜状の炉に投入し、電気（アーク）によって熔解させ、酸化・還元製錬を行い、再び「鋼」を作り出すリサイクル技術である。1工程に要する時間は1時間程度であり、約 100 t の粗鋼が生産できる。この工程を繰返す。これに対し、高炉は1基・1日当たり約1万 t の粗鋼を生産する。高炉に比べて電気炉は小規模であることから、ミニミルと呼ばれるのである。このほか、高炉が連続生産方式（停止困難）であるのに対し、電気炉はバッチ生産方式（停止可能）であることや、粗鋼1 t 当たりの CO_2 排出量が高炉に比べて 1/4 程度で少ないといった特徴がある。

日本の粗鋼生産量は、コロナ禍以前は年間約1億 t、うち年間約 4000 万 t を輸出している。多くは汎用鋼であるが、他国に比べてハイテンなど高品質な圧延鋼も多い。現在の電炉では、高品質鋼は製造されていない。このため、日本の粗鋼生産量の約 80% が高炉によって生産されている。

一方、米国の粗鋼生産量に占める電気炉の比率は 60 ～ 70% であり、電気炉比率が高い。日本と比べてスクラップ鉄の発生量が多いことや、環境規制やレガシーコストなどの経営リスクが高炉に比べ低く、需給のバランスが崩れたときの柔軟性の高さも一因であると思われる。

技術開発も進展している。電気炉でも添加物の調整などの技術開発が進み、高品質鋼の生産も可能になってきた。また、鉄鉱石から粗鋼をつくる高炉代替技術（電解・電気製錬方式）も実証段階にある。電解方式も電気炉と同様に分散方式、すなわちミニミルである。これに再エネ由来の電気

を用いれば、粗鋼生産の CO_2 フリー化も視野に入る。変動する再エネ発電の調整力としても生産調整可能な電気炉は相性がよい。ミニミルのイノベーションであり、「ミニミル2.0」とでも呼ぶに適した時期の到来である。

　生産量100 t級の電気炉を稼働させるためには、概ね10万kWの電力が必要である。鉄鋼業界の脱炭素化に向けた動静と生産技術の向上は、今後、日本の再エネ導入量を左右させるほど大きなインパクトを与える可能性がある。

　電炉は、スクラップ鉄から製造する製鉄技術であるため、既に鉄鉱石から粗鋼が生産されたストックが前提となる。

　日本鉄鋼連盟の長期温暖化対策ビジョンによると、人が生活するうえで必要とされる鉄の量は1人当たり10 tとしている。現在のストックでは世界平均で1人当たり4 t程度である。発展途上国を中心に生活水準を先進諸国並みに引き上げるためには、まだ1人当たり6 tの鉄が必要となる勘定である。すなわち、鉄鉱石からの粗鋼生産は当面必要となる。

　鉄鋼業からの CO_2 排出量は年間1.9億tであるが、このうち、高炉プロセス全体からの CO_2 の排出量は約1.2億tあり、それは鉄鋼業から排出される CO_2 の約70%を占める。高炉プロセスのなかでは、高炉から約9000万t、鉄鉱石の焼結工程から約2000万t、石炭によるコークス製造工程から約500万tの CO_2 が排出されている。高炉プロセス以外のプロセスからの CO_2 排出量は、転炉プロセスから約500万t、圧延・鋼管プロセスから約2000万tとなっている。

　鉄鋼業における CO_2 排出の削減方策としては、水素の活用とプロセスの電化が技術的な方法として提案されている。最大の CO_2 排出源となっている高炉からの CO_2 排出削減については、高炉での高温加熱への水素エネルギー燃料の導入、石炭コークスに代わる鉄鉱石の還元の手段として水素による還元の検討など、脱炭素化の手段として水素の活用が考えられている。

　水素の活用については、高炉の熱源としてコークス炉のオフガスの水素

利用（それに加えて、その際に生成するCO_2を回収・貯留＜CCS＞で除去）を2030年頃に、石炭を利用しないCO_2フリー水素による水素還元製鉄への転換を2050年頃に行うというロードマップが日本鉄鋼連盟により描かれている。また電力については、今後CO_2フリー電力が経済的に入手可能となれば、他のプロセスの熱エネルギー源として導入していくことが考えられている。

　海外では、スウェーデンでシャフト炉（DRI）による水素還元製鉄の実

図表2-20　水素還元製鉄

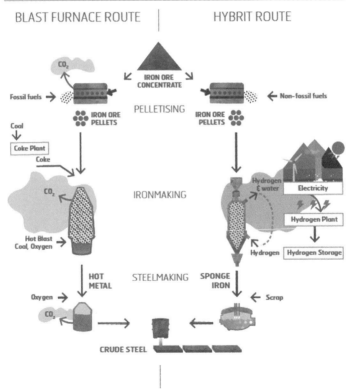

出所：HYBRIT

証が始まっている。

　鉄鋼会社のスウェーデンスティール（SSAB）、スウェーデン鉄鉱石採掘（LKAB）及びスウェーデンの電力会社のバッテンフォールが、水素還元製鉄として「HYBRIT（Hydrogen Breakthrough Ironmaking Technology）」をパイロットプラントとして取り組んでいる。まずは天然ガスを利用し、その後、CO_2フリー水素による実証を行う予定としており、2035年の実用化を目指すとしている。

　日本鉄鋼連盟によると、水素還元製鉄が経済性を持つためには、水素の価格が7.7¢／Nm^3-H_2以下に下がる必要があると試算している。また、日本の鉄鋼生産量の世界シェアが今後も変わらないと仮定すると、必要な水素量は年間700万 t にのぼる。その水素の製造も含めて粗鋼生産1 t 当たり3400kWhの電力が必要となり、そうした電力を利用したプロセスが従来のプロセスと競争可能となる電力コストを4円／kWhと試算している。

　他方、政府の「水素基本戦略」によると、水素の目標価格は2050年で

図表 2-21　CO_2フリー製鉄による新たに必要な電力需要量

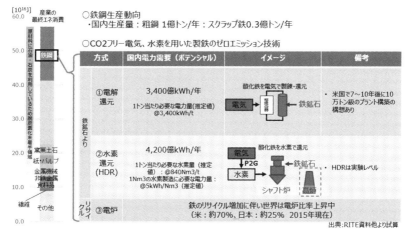

出所：筆者作成

20円／Nm^3-H$_2$であり、水素導入の条件として鉄鋼業界が掲げる、この水素の目標量、価格の達成は容易ではない。

（2）石油化学産業の脱炭素化

　日本の場合、石油化学の代表的なプロセスであるナフサ分解、蒸留からのCO$_2$排出量が化学産業全体からの排出量の60％を占めている。ナフサ分解炉では800 ～ 900℃の高温熱源が必要だが、このナフサ分解炉の燃料として水素利用や、分解炉の電化が検討されている。実際、世界最大の化学企業・BASF は、ナフサ分解プロセスの脱炭素化を目的として、再エネ電力を利用した電気炉による熱分解法の開発を試みている。

　さらに、今世紀後半に脱炭素化を実現するためには、燃料だけではなく原材料でもカーボンリサイクルを進めるなどにより、化石資源への依存度を引き下げる必要があるだろう。

　一般に化学プロセスでは、化学物質の合成、分離、分解などに熱エネルギーを利用する。これに必要となるエネルギー量の削減を目指して、新たな触媒や合成法、膜分離などの分離技術の開発はこれまでも行われてきたが、化学技術分野には、こういった技術に係る研究開発によって、プロセスの革新を実現する可能性が今後とも存在する。これに関しては、欧州化学工業連盟（CEFIC）がドイツのシンクタンク DECHEMA に委託して、2050 年までに欧州の化学産業からのCO$_2$排出を85％削減するために必要となるプロセス革新の可能性について調査検討したレポート「low carbon energy and feedstock for the European chemical industry DECHEMA July 2017」が参考になる。このような脱炭素化に資する革新的な合成、分離、分解技術とプロセスの開発を加速していく必要がある。

　こうした新技術の開発とともに重要なのは、未利用熱の有効利用である。一部のプロセスを除き、化学産業のプロセスの多くで必要とされるのは 200℃以下の熱エネルギーだが、後述するように、現在そうした熱エネルギーの多くが未利用熱として排出されている。このため、化学産業にお

いてヒートポンプ技術の一層の活用を図っていくことが、技術的には重要と考えられる。

　加えて、化学産業では、CO$_2$の有効利用や廃棄されたプラスチックの再利用によってエチレンやプロピレンなどの基礎化学品を製造し、再び化学製品原料として利用することを目指した革新技術（ケミカルリサイクル技術）の開発も始まっている。水素と炭素を合成する技術は、燃料のメタンだけではなく、プラスチックなどの原料となるエチレンやプロピレンも製造できる。この技術開発でも、触媒とプロセス開発がカギとなるが、このケミカルリサイクルを実現するためには、原理的に大量の水素が必要となる。

　日本でのエチレンやプロピレンの生産量は、合計で約1100万t（2018年）であり、これをCO$_2$フリー水素と回収したCO$_2$による合成方法に置き換えると、原料のCO$_2$が年間5100万t、水素が500億Nm^{3}以上も必要となる。P2GによるCO$_2$フリー水素の活用は、化石燃料に依存しない化学

図表2-22　CO$_2$フリー化学による新たに必要な電力需要量

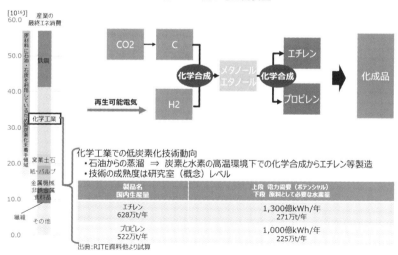

出所：筆者作成

合成技術を確立する。加えて CO_2 の回収とメタネーションのために必要なエネルギーも CO_2 フリーの電気でないと意味がないため、非化石化学合成技術が社会実装されると、日本の電力需給に大きなインパクトを与える。エチレン、プロピレンなどバルクケミカルに必要な水素を水の電気分解によって製造するためには、年間 2000 億 kWh 以上の電力が必要であり、これは年間電力消費量の約 1/5 に当たる量である。

　政府は、2019 年 6 月に「カーボンリサイクル技術ロードマップ」を策定し、大気に放出される CO_2 の対策を加速している。最大の課題は、水素の製造時、CO_2 の回収時、有用物質への合成時など、各々の工程で消費する CO_2 フリーの安価なエネルギーを確保することである。原子力利用の拡大が難しいのであれば、この成否は CO_2 フリー電源（すなわち、国内再エネ電源＋海外 CO_2 フリー水素エネルギー電源）がカギを握る。再エネの主力化は、もはや電力のみならず、水素を原材料として扱う企業にも影響を与える可能性があるだろう。

（3）セメント製造の脱炭素化

　セメント製造業の脱炭素化は、結論から先に述べると非常に困難な課題である。それは、セメント原料の石灰石から中間製品のクリンカ（生石灰）を生成するプロセスで、石灰石に含まれる炭酸カルシウムから CO_2 が大量に排出されるからだ。

　セメント製造業は、そのプロセス全体で年間約 4000 万 t の CO_2 を排出しているが、そうした CO_2 の排出が全体の 55％の 2600 万 t を占める。残りの 35％（1400 万 t）の CO_2 が、石炭を燃料として石灰石をキルンで焼成し、中間製品のクリンカを製造する石炭由来ものである。そして 10％（400 万 t）の CO_2 が、原料石灰石を粉砕するプロセスと、クリンカに石膏を加えて電力で粉砕し、製品のセメントにする電力由来のものである。

　後段の 45％のエネルギーは、CO_2 フリー電力や CO_2 フリー燃料の導入

による脱炭素化が方法論としては可能である。また技術開発では、発生したCO_2をコンクリートの中に固定化する方法も実証が進む。ただし、この場合、コスト面はもちろんのこと、アルカリ性に保たれる必要があるコンクリート内部が中性化し、鉄筋コンクリートの配筋がさびるおそれがある。

　セメント原料の石灰石に由来するCO_2の除去は、コンクリート内に封入する技術も含め方法論としてはCCSといった貯留によるしかない。ただ、国内でこれらの技術を適用することには技術的、コスト的なハードルが大きい。

図表 2-23　セメント部門における世界の CO_2 排出量削減シナリオ

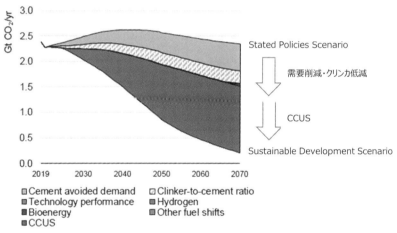

出所：IEA『Energy Technology Perspectives 2020』

2.2.5　運輸部門の対策　特に船舶

　運輸部門のCO_2排出量は2.2億 t であり、日本全体の約1/4を占める。このうち車両(乗用車やトラック・バスなど業務用車両)がほぼ9割であり、車両の脱炭素化に向けた対策が最も効果が高い。自動車業界では、ディー

ゼルエンジンの排ガス不正問題を発端に、EV化への流れが加速している。ディーゼルエンジンは、ガソリンエンジンに比べ機構的に燃費が良いことから、欧州を中心に自動車の環境負荷低減対策として、近年主流となりつつあった。ただ、EVシフトは、排ガス不正問題だけが理由ではないだろう。自動車業界では、コネクティビティ（接続性）のC、オートノマス（自動運転）のA、シェアード（共有）のS、そしてエレクトリック（電動化）のEから「CASE」と称し、これからの自動車社会が迎える大きな変革を象徴している。車両の脱炭素化はEVと燃料電池自動車（以下FCV）が候補だ。両者は既に社会の知るところであり、また2030年前半を目途にガソリン車の新車禁止など多くの考えが示されているところである。そのため、本書では、自動車業界についてはそれらに譲ることとし、今後、需要拡大が見込まれる国際海運分野でも、更なる温室効果ガスの排出削減が喫緊の課題となっていることから、船舶の対策について述べる。

　2020年3月、国土交通省は、海運・造船・舶用の各海事産業界や研究機関・公的機関などと連携し、国際海運のゼロエミッションに向けたロードマップを策定した。必要な国際ルール整備や技術開発・実証の推進などに取り組み、さらに、2028年までに温室効果ガスを排出しない究極のエコシップ「ゼロエミッション船」の商業運航を目指すとしている。

　この背景にあるのは、国際海事機関（IMO）の「温室効果ガス削減戦略」である。国境を越えて活動する国際海運及び国際航空セクターからの温室効果ガス排出対策については、船舶（または航空機）の船籍国や運航国による区分けが難しく、国連気候変動枠組条約（UNFCCC）における国別の削減対策にはなじまないため、国連の専門機関であるIMO及び国際民間航空機関（ICAO）にそれぞれ検討が委ねられている。

　国際海運から排出される温室効果ガスについて、2014年のIMOの調査によれば、2012年時点における国際海運全体からのCO_2排出量は約8億ｔであり、世界全体のCO_2排出量の約2.2％を占める。2018年4月に、IMOは国際海運分野からの温室効果ガス排出量を2050年に半減させ、21

世紀中早期にゼロとすることを目指す「温室効果ガス削減戦略」を採択した。

　同戦略においては、2008 年を基準年として、

・2030 年までに国際海運全体の燃費効率（輸送量当たりの温室効果ガス排出量）を 40％以上改善すること

・2050 年までに国際海運からの温室効果ガス総排出量を 50％以上削減すること

・21 世紀中のなるべく早期に温室効果ガス排出ゼロを目指すこと

を数値目標として掲げている。

　国土交通省の取りまとめたロードマップでは、「温室効果ガス削減戦略」の 2050 年目標を達成するためには、2028 年までに、対 2008 年比で 90％程度以上の効率改善を達成する実船の投入が期待できる代替燃料・技術のオプションとして、水素燃料、アンモニア（以下 NH3）燃料、カーボンリサイクルメタン燃料及び船上 CO2 回収を明文化した。それを達成し得

図表 2-24　IMO の「温室効果ガス削減戦略」の概要

出所：国土交通省「国際海運のゼロエミッションに向けたロードマップ」（2020 年 3 月）

る代替燃料・技術の活用シナリオとして、「LNG →カーボンリサイクルメ
タン移行シナリオ」及び「水素・アンモニア燃料拡大シナリオ」を示し、
これら2つのシナリオを実現させるために産学官公が取り組む必要がある
と考えられる各種の取り組み・対策の内容及び時期を示している。

　一方で、IEA は 2020 年に発行した『Energy Technology Perspectives
2020』の中で舶用燃料の予測を行っている。IMO の 2050 年までに温室効
果ガス 50％削減の目標を踏まえると、2050 年での燃料構成比のうち石油
由来の燃料の比率は半分まで減り、バイオ燃料と NH3 燃料が概ね 1/4 ず
つを占める見通しを立てている。さらに、2050 年以降は NH3 燃料の比率
が高まり、2070 年には半分以上を NH3 燃料が占めると試算している。

　これは、燃料の消費量であることから、船舶のストックの比率を表して
いるといえる。すなわち、2050 年には NH3 燃料船が外航船の 1/4 を占め
ていると同義である。バイオ燃料の場合は、従来の石油由来燃料と大きな

図表 2-25　国のロードマップでの2つの削減シナリオにおける 2050 年の想定

出所：国土交通省「国際海運のゼロエミッションに向けたロードマップ」（2020 年 3 月）

違いはないため、既存の船舶の改良と思われるが、NH3の場合は、エンジン（ICE）が異なるため、新造船が多くを占める。DNV DL 社は、独自の見通しで、2040 年以降、新造船のほぼ90％以上は NH3 船であると予測している。これらを踏まえると、世界的に外航船は、2040 年以降は NH3 が主力燃料となる可能性が高い。現在、NH3 は、天然ガスからハーバー・ボッシュ（H-B）法により製造されており、合成の途中段階で CO2 を排出している。2030 年までにグリーンアンモニアの技術確立、2040 年には安定供給が必要となる。外航船の燃料は大きな変化を迎える。

　NH3の取り扱いについては、3.5.1（4）で詳細を説明するが、急性毒性を有するため取り扱いには細心の注意が必要である。NH3 は、漏洩した場合の除害装置として「水」を散布する設備を必要とする。外航船の場合、大洋の海洋上を航行するため、水に困ることはない。しかし、沿岸を航行する内航船の場合、船舶が小型化することで十分な管理体制に要員を割くことが難しい。国内では約 7000 隻の内航船が航行している。その多くはフェリーといった貨客船と小型の貨物船である。

　IEA の『Energy Technology Perspectives 2020』では、バッテリーを動力源とする純粋な電気船はエネルギー密度が低いために制限があり、頻繁な再充電が必要であるため、長時間の航海には、実用的ではないとしている。ただし、コストが下がると仮定すると、最大 200km の距離（フェリールートなど）で他の非化石燃料オプションと競合する可能性があることも示唆している。

　ノルウェーなどの北欧を中心に電動船舶の開発も進んでいるが、日本でも電動船舶への取り組みがスタートしている。

　日本の内航海運は、船員の不足や高齢化、船舶の老朽化といった構造的な問題を抱えている。日本内航海運組合総連合会によると、内航船員（日本人）約 2 万人のうち 50 歳以上が過半を占める。船員は船上で過ごす時期と陸上で休む時期をひと月単位で繰り返すなど、労働環境が過酷である。エンジンで駆動する限り運転員も必要であり、人手不足の解消のためにも

構造がシンプルな電動船への期待が高い。

電動化により、船の部品点数は 1/100 に減り、エンジンはなくなる。エンジンと違ってモーターを駆動するバッテリーは設計の自由度が高い。また、自動車同様デジタル化と自動化にも電動船は適合する。

現在、2020 年 3 月の運開を目指し、タンカーへの燃料補給船であるバンカー船での電動船の建造が進んでいる。

外航船の NH3 燃料化と内航船の電動化により、船舶業界の CO2 削減に向け、実現可能な対策が加速するものと思われる。

図表 2-26　電動船イメージ図

出所：旭タンカー「世界初のゼロエミッション電気推進タンカー2隻の建造に関するお知らせ」（2020 年 3 月 27 日）

2.3　需要と供給を結ぶエネルギーネットワークとレジリエンス向上

2.3.1　エネルギーネットワークと社会インフラ

一般的に、どのようなものでも需要と供給があり、この需要と供給がバ

ランスするところで社会は成り立っている。現在のようなマスプロダクトの社会では、工場が立地する工業地帯で生産が行われ、人が住んでいる都市部で消費が行われているように、生産と消費を分離させたほうが生産性は高まる。このような生産と消費が離れているものをつなぐ役割を果たしているのが物流ネットワークである。同様にエネルギーも、発電所で発電された電気やサテライト基地で作られたガスと、それらを消費する需要場所との間をつなぐ役割を果たしているのが、電線やガス管といったエネルギーネットワークである。広義の意味では、電線やガス管に限定されず、トラックや船舶などの貨物で燃料をガソリンスタンドなどに運ぶこと（オフライン輸送）も、エネルギーネットワークを形成する一要素といえる。

　さらにエネルギーに加え、道路や橋梁、上下水道なども含めて社会の基盤を支える施設・設備が社会インフラである。現在の日本では、このようなインフラが高度に発達しているため、需給のバランスに柔軟に対応できるようになっている。インフラへの投資は、将来の経済成長を先取りして設備投資が行われることも多い。そのため、これまでは設備投資の回収が見込めるようにインフラ産業は規制で守られていたことから、大型の投資がしやすかった。しかし、経済成長の鈍化や自由化はインフラへの投資が確実に回収できるという保証がなくなるため、企業の投資意欲は弱含みになる。また、成長の鈍化はインフラの高度化どころか現状維持すらままならなくなる危険性をはらむ。

　道路・橋梁や水道など高度経済成長時に建設されたインフラは約半世紀を経過し、現在、老朽化が問題となっている。人口減少による税収の伸び悩みや高齢化による医療・福祉など、新たな財政支出が増加していることで、インフラ投資への財源確保の問題が深刻化している。電力網やガス配管網、ガソリンスタンドなどエネルギーインフラも同様である。

　また、昨今の自然災害では、多くのインフラが被災し、その復旧が課題となった。インフラの種類によっても寸断されている期間、地域、規模によって大きく影響が異なることもわれわれは気付かされたところである。

エネルギーを取り巻く環境は、平成 20 年代後半から電力・ガスの自由化をはじめ、再エネの普及、パリ協定を踏まえた地球温暖化問題への対応など、大きな変革期を迎えている。電力自由化は、需要家が電力小売会社を自由に選択できることだけではなく、特定送配電事業など既存の電力会社の送配電網以外でも電力供給を行うことを可能とした。

　規制の時代には、インフラ事業者と需要家との間で責任が明確に区分されていたが、自由化や規制緩和は、自治体・企業・需要家、さらにはインフラ事業者も一体となって必要な設備を形成することが可能である。平常時では、高い省エネルギー性や扱いやすさ、非常時では、事業の継続に向けてロバスト性を高めていくといったこともできる。

　特に、電気は、電力ネットワークが被災すると停電が発生する。電気の課題は蓄えることが難しいことである。裏を返せば、電化を進めた場合、むしろエネルギー面では脆弱化するおそれがある。ゆえに、CO_2 排出削減に向けて電化を行うのであれば、電力供給のバックアップ対策も同時に行う必要がある。この場合、ルーフトップに設置した PV が役立つ。しかしながら、PV だけですべての需要を賄うことは不可能であるから、バックアップ可能な非常用発電機や蓄電池なども必要になる。つまり、PV と非常用発電の分散電源を導入すれば、普段から使っている電化システムが非常時でも平時同様に活用できる。混乱している状況でこそ平時とまったく同じ使い勝手の電化設備・機器が役立つのである。このようなレジリエンス向上に向けた対策を講じることも、需要と供給の垣根を取り払う要因となっている。

　それでも、離島を含め日本全土にくまなく構築された電力ネットワークの存在は大きい。これまで大規模発電所から需要家への一方通行であったパイプライン型の電力の潮流は、再エネ発電の普及によって双方向となる。しかし、物理的に送電線や配電線をすべて更新するものではなく、既存の設備を活用して運用を変更すること、すなわち、エネルギーインフラをプラットフォーム型に変えていくことである。そのプラットフォームに、再

エネ発電や非常用発電などの供給設備も、ビル・工場・住宅・電気自動車などの電力需要も、分け隔てなく面的に支えられている社会が、新しいエネルギーネットワーク社会と考える。

　もちろん、遠隔地の風力発電の電力を長距離送電する場合に直流による送電技術などが注目されているように、これからも電力ネットワークそのものの技術革新も進む。最新の技術開発については、国のエネルギー・環境関連の技術戦略に譲るとして、エネルギーネットワークに関して、設備の利用率向上によって長期にわたりネットワークを効率的に活用する方策と災害のレジリエンスを向上させる方策について考えてみたい。また、需要に応じたレジリエンスの事例についても概説する。

2.3.2　ネットワークの設備利用率を向上させて効率的に活用

(1)エネルギーを蓄えて使うこと

　再エネ発電の普及に焦点を当てる。再エネ発電の比率を高めるためにも、電力需要の増加が必要である。需要なくして供給は成り立たない。他方で、最終エネルギー消費に占める再エネ比率が高まっていけば、ある段階で再エネ発電の大きな変動を需要拡大だけで吸収することが困難な状況に陥ることが想定される。

　電力にとって需要と供給のバランスが重要なのは、電気は蓄えておくことができないという物理特性に由来する。これまでも、消費の変動に対して揚水発電や火力発電の出力を調整してバランスを取ってきた。水素・NH3などの非化石燃料による火力発電については第3章で詳細に記載するが、ここでは、非化石燃料の確保が困難な場合を想定する。その場合、消費側だけではなく発電側も変動することになり、エネルギー貯蔵技術の重要性が増してくる。

　蓄電池は、既に大容量のNAS電池（ナトリウム硫黄電池）、レドック

スフロー電池（バナジウム電池）、小容量ではリチウムイオン電池など製品化が進んでいる。小容量であっても多数のモジュール電池を束ねて大容量の蓄電池と同等の効果を得ることも可能である。なかでもEVの蓄電池に注目が集まっている。EVの普及が進むことは、世界中に膨大な蓄電池が普及するということを意味する。普通のエンジンを搭載する自動車は、駐車場に停車している間はただの置き物でしかないが、EVの場合、駐車時でも蓄電池の機能だけを使うことが可能である。

　国土交通省の調査によると、自動車は全時間を通じて約9割が停車しているとされている。これをEVに当てはめると、駐車場にアイドリング状態の蓄電池が置かれているということになる（図表2-27）。

　一般的に、自動車は「走行することを目的に購入」するため、よほどの理由がない限り走行以外に価値を求めることはない。

　自動車のIoT化・ビッグデータ解析技術の進展で、その自動車が何時間駐車しているか一台一台確率的に予測できることも可能になる。それも顧客が購入済みの自動車であるため、蓄電池を活用するためだけであれば新たな投資を必要としない。これがEVの蓄電池に寄せられる期待のひとつである。

　エネルギーは、電力だけではないので、他のエネルギーに変換して貯蔵

図表 2-27　日本における現状（ガソリン車）の自家用乗用車利用実態

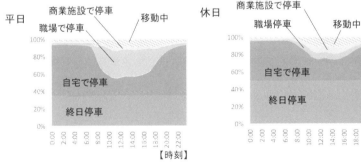

出所：『スマートグリッド　2017年1月号』

する方法もある。熱エネルギーは、さまざまな物質・物体に蓄えることができる。これを「蓄熱システム」と呼ぶ。

　電力需要のピークは、夏場の昼間であることが多い。この夏場の電力需要の1/3は空調によるものであり、空調需要対策が電力需要対策のひとつである。この蓄熱システムは、大規模ビルなどで電力需要の調整役を担う。一般的に蓄熱システムには「水槽」を用いる。要は「水」を冷やしたり温めたりして蓄熱するのである（図表2-28）。

　蓄熱システムの熱源機にはヒートポンプを用いる。ヒートポンプの省エネ性と蓄熱技術を組み合わせることで、需要側でのエネルギー消費の調整を図るのである。過去には、電力需要の負荷率が50％近くまで低下した時期もあり、ピーク需要とオフピーク需要の差を埋めるため夜間に蓄熱運転を行ってきた。今後は、昼間の再エネ余剰を利用する技術として蓄熱システムに期待が寄せられる。なお、蓄熱システムの水は、非常時にはトイレの洗浄、洗濯、手洗いなどの生活用水としても活用できる。

図表 2-28　蓄熱式空調システム（電力需要の平準化を図る運転パターン）

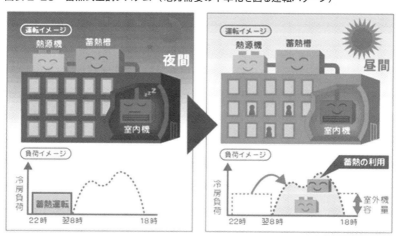

出所：ヒートポンプ・蓄熱センターホームページ

（2）エネルギーを地産地消すること（プロシューマー化）

PV は、メガソーラーであっても小さなセルの集合体であることから、規模の大小にかかわらず発電効率はほぼ一定である。また、設置面積と発電量が正比例の関係にあることから、メガソーラーでも個別分散設置でも（大量調達によるコストダウンの効果を除けば）いずれのケースでも普及が見込める。このため、個人の住宅の屋根にも設置できるのである。このとき、需要家は消費者であると同時に、発電事業者の顔も併せ持つことになる。このような需要家のことを「プロシューマー」と呼ぶ。

ある区切られた一定の地域で生産と消費のバランスが成り立つと、プロシューマー同士（P2P）でエネルギーを取り引きする形態も考えられる。このような相対取引を仲介するシステムとしてブロックチェーン技術が期待されている。一方で、P2P の取り引きが拡大すると消費者と生産者の境目が曖昧となるため、従来の消費者保護の枠組みが機能しにくくなり、プロシューマーの自己責任の範囲が拡大する。加えて、プロシューマー 1 軒では、規模が小さく、デジタル技術を活用しても個々のプロシューマーが取り引きを行うことは経済合理的でないため、プロシューマーや消費者を束ねるアグリゲーターのニーズが発生する。アグリゲーターは、消費者を代表して電力会社と契約したり、束ねた電力を市場で売買することを生業とする。

再エネ発電を最大限に導入し、電力需要に応えるためには、発電設備、蓄エネルギー設備に加えて電力供給量の「コントロール」が必要となる。需要側の「エネルギーマネジメント」により、電力の需要と供給のバランスを取ることが求められる。

（3）需給一体でマネジメントを行うこと

これまで送配電網は、電力を供給すること、すなわち、発電所から需要家まで一方通行で電気を送ることを目的としていた。この目的は、基本的に今でも変わることはないが、プロシューマーの台頭により、需要と供給

が局所でバランスする場合、前述のとおり、エネルギーの自立が可能となる。

エネルギーの自立は、都市部よりも郊外でより成立しやすい。都市部よりも需要密度が低いこと、多くのプロシューマーがつながりやすいことなどが理由である。ここでは、一般送配電事業者の電力系統を活用した地産地消型のグリッドを郊外型の「マイクログリッド」と呼ぶこととする。

再エネからの電力供給は、既存の送配電設備を活用するケースと、送配電設備を新設するケースの2種類に分類できる。

既存の送配電設備を活用した再エネを電源とした電力供給では、再エネが大量普及した系統であっても、「適正電圧維持」と「送電容量の定格運転」が必須であり、これらが達成できない場合は、既存送配電設備を活用できないことになる。都心部の多重化された配電網と異なり、郊外は少ないルートで供給する配電網となっている。この配電網との親和性がカギとなる。

専用線として送配電設備を新設する場合、前述した2つの課題による制約は大きく緩和される可能性がある。ただし、当然のことながら初期費用は増大することになる。

郊外型のマイクログリッドが形成できれば、再エネ発電を非常時のバックアップ電源として活用でき、大規模ビルや工場などが対策を講じている停電時での自衛措置と同様の機能が低コストで実現する可能性もある。いずれにしても供給だけでも需要だけで成し得ることは不可能なため、ネットワークも含めて需給一体での運用が不可欠である。このような電力の供給と需要の対策に加え、昨今、新たな需要コントロール技術として水素製造技術に注目が集まり始めている。

2.3.3　Power to Gas

（1）再エネ電気で作るガス体エネルギー

再エネ電源の増加による電力ネットワークへの影響が課題となっている

が、その対策として、欧州、特にドイツでは、風力発電などの余剰電力を使って水素を製造する技術、Power to Gas（P2G）に注目が集まっている。ドイツの場合、北部には北海の風力発電など供給力が多い。一方、需要は南部に集中しており、南北で需給のバランスが整うような国である。この南北をつなぐ送電容量がボトルネックとなり、北部の風力発電の電気に余剰が発生するのである。南北を結ぶ送電線建設の計画はあるものの、沿線住民の反対により大幅に遅延しているため、その代替策として再エネ電気をガス体エネルギーである水素に変換し、化石燃料が主であるガスを水素に転換するのである。

(2) ドイツのPower to Gas

水素エネルギーは、二次エネルギーであるがゆえ、製造方法によって品質や環境性などに差が生じる。なかでも、製造から消費に至るまでエネルギー起源でCO_2が発生しない水素は、化石燃料改質水素との差別化を図るために「CO_2フリー水素」と呼ばれる。なお、水素の製造技術については第3章で詳細に説明する。本章では水素の利用技術について解説する。

このCO_2フリー水素は、P2Gによって作られるが、太陽光や風力で発電された電力のうち、気象変動によって品質が安定しない電力や、需要を上回る余剰電力の活用が検討されている。現在、ドイツで主として議論されている水素エネルギーは、電力を水素に変換、貯蔵し、再び発電するというものであり、発電の平準化対策の色が濃い。つまり「電力貯蔵技術」としての評価に重点が置かれているのである。

ドイツでは、エネルギー転換政策（Energiewende）に基づき再エネ普及に力を入れている。同政策では、再エネによる発電量を2025年に40～45％、2035年には55～60％まで引き上げる高い目標を掲げている。その結果、2000年からの15年間で、一次エネルギー消費量に占める再エネの割合は2.9％から12.5％と約4倍に増加した[3]。なかでも電力では6.6％から32.4％と、およそ5倍の伸びを示している。

　このエネルギー転換政策により、再エネによる発電設備はさまざまなインセンティブが与えられて急速な伸びを示した一方、発電設備と接続する電力系統にはインセンティブが与えられていないことから、再エネを利用する発電設備の増加に電力系統が追従できず、電力の安定供給に支障を来すようになった。その結果、前述のとおり、発電した電力が活用できないという新たな課題を引き起こした。

　余剰電力の対策としては、電力系統の容量を増強する方法がある。しかし、送配電線の増強には、用地取得から竣工まで時間を要することと、それに伴う費用が必要であり、現実的に増強には限度がある。したがって、再エネの変動を調整する技術として、ドイツでも水素エネルギーの実証が行われている。

　日本と大きく異なることは、ドイツでは電力貯蔵よりもガス体エネルギ

図表 2-29　P2G のユースケース

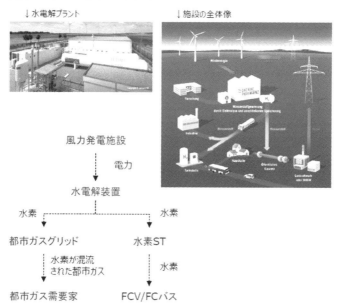

出所：水素・燃料電池戦略協議会（第5回）事務局提案資料（2014年4月）

ーに注目していることである。欧州の天然ガス供給網は膨大な供給容量とネットワークが整っている。このガス供給網に電力から変換した水素を混入することで、再エネ発電設備の稼働率向上と、ロシアなど諸外国に依存している天然ガス輸入量の抑制を目指している。すなわち、ドイツでは、水素エネルギーを需要側での化石燃料（特に天然ガス）の代替としてP2Gを活用しているのである（図表2-29）。

　ドイツの大手電力会社であるRWE社が、2015年8月に同国西部にあるノルトライン・ヴェストファーレン（NRW）州のイッベンビューレン（Ibbenburen）に英国ITM Power社製のP2Gシステムを導入したほか、2016年時点で20件以上のP2Gシステムが導入されている。

　ITM Power社によると、P2Gシステムには以下のような特徴があるという。

・P2Gシステムは、電力系統の増強を回避する観点から、P2G風力発電所や太陽光発電所の余剰・不安定電力を電力系統に送電する前段で吸収するために、発電所に併設して設置されている。

・風力・太陽光の1基・1モジュール当たりの発電出力が1000〜2000kWであることから、P2Gシステムの入力値1500kW、水素製造能力300Nm^3／hの設備が、2016年時点で検討されている標準的なスペックである。

・水素製造能力300Nm^3／h規模のP2Gは、輸送用コンテナ内に収納することができるため、発電所にコンテナごと設置することで施工・管理・運営などが簡単になる。

・製造された水素は、近くに敷設された天然ガス供給ネットワーク（パイプラインもしくはガス配管）に送り込むことで水素貯蔵設備が不要となり、経済合理性が高まる。余剰の再エネは、ガス体エネルギーに変えて活用することが合理的である。

・経済性の観点では、電力とガスが同時に製造できるうえに水素製造装置で水素の製造量を調整することで、DRやアンシラリー（送配電設備の周波数制御を行い、電気の品質安定を図るための機能）、インバランスなど

電力市場と連動した運用も可能である。これらを組み合わせることで、インセンティブに頼らない自立的経営を目指した事業展開も検討している。

これまで、電力と燃料は別々の取り組みが示されてきたが、電力から水素を作るとなると電力と燃料の垣根は取り払われ、「電気は燃料の原材料」という新しい概念が欧州を起点に生まれてきた。これはこれまでの一次エネルギーと二次エネルギーの逆転の可能性を意味する。なお、この件については第4章で概説する。

（3）水素ガスによる蓄エネルギー

日本でも、P2Gを電力貯蔵技術として活用することを模索しているが、充放電ロスが他の電力貯蔵技術に比べて多いことが課題である。電気を水素に変換する工程、利用時に電気に変換する工程、この2回のエネルギー変換工程が充放電ロスを倍増させてしまうのである。この場合、得られる電力量が水素を製造するために消費した電力量の4割程度まで目減りすることは、2.2.2（4）で述べたとおりである。

将来、再エネ起源の電力が無尽蔵に作られる時代が訪れれば、この充放電ロスは不問であるが、今々は再エネ発電所の稼働率の向上が求められるなか、この充放電ロスを低減させることも重要な課題である。

したがって、国内の再エネ起源の電力は貯蔵することなく、そのまま電力として利用することを優先し、系統電力の品質を低下させる懸念がある変動電力や、経済価値の低い時間帯での余剰電力を中心に、水素へ変換することが妥当であると考えられる。

また、水素エネルギーは、蓄電池のように自然放電することもないことから、季節をまたぐエネルギー貯蔵に向いている。さらに、ガス体エネルギーであることから、電力で代替しにくい燃焼需要に用いることが可能であることもメリットになる。

（4）ガスネットワークの活用策

　水素エネルギーの活用策であるが、需要側にはボイラなどの既存設備や、そこに燃料を供給するためのインフラがあり、それらを活用する方法が考えられる。例えば、ボイラ用燃料には都市ガスやLPGなど可燃性ガスが用いられているが、そのようなガス体エネルギーに別の可燃性の燃料を混合しても基本的に燃焼する。すなわち、水素エネルギーも必ずしも100％の純水素にこだわる必要はなく、都市ガスなどと混合させるという方法があり、現実的な手段といえるだろう。

　まず、ガス機器について説明する。ガス機器は「ガス用品の技術上の基準等に関する省令」により使用可能な燃料が規定されており、「JIS S 2093:2010　家庭用ガス燃焼機器の試験方法」にも謳われている。水素混入後のガスも、その規定に対応していなければ当該ガス機器を使用することはできない。水素エネルギーの初期の需要を喚起するには、ガス機器の交換はなるべく避けたほうがよいことから、規定の範囲に収める必要があるだろう。

　化石燃料に水素を混入させて利用する場合、安全面を不安視する意見もあると思うが、前述の省令に規定されている範囲であれば、基本的には問題ないはずである。かつての都市ガスは、石炭を原料とした石炭ガスの時代があった。石炭ガスは「コークス炉ガス（COG）」とも呼ばれ、発熱量は現在の天然ガス中心の都市ガスに対して約1/3しかない。石炭を高温で蒸し焼きする高温乾留によって製造され、水素50％、メタン30％を主成分とし、一酸化炭素、窒素、重炭化水素、二酸化炭素を少量ずつ含むものであった。つまり、石炭ガスは水素が含まれているのである。これが石炭ガスの発熱量が低い理由である。

　都市ガスの規定は、燃焼速度（MCP）と発熱量を表す燃焼性指数のひとつであるウォッベ指数（WI）で分類しており、「13A」や「12A」などと呼ばれるガスグループが現在7つある。なお、都市ガスの主流である13AはMCPが35～47、WIが52.7～57.8の間で定義されている。

　次に、そのガスを供給する都市ガス事業者のガスについて説明する。13A などのガスグループはガス機器の分類であり、都市ガス事業者は、そのガスグループに適したガスを自社の供給約款の中で定義している。すなわち、13A というガスであっても、都市ガス事業者ごとに少しずつ燃焼速度とウォッベ指数が異なるのである。発熱量を都市ガス事業者間で比較すると、首都圏の都市ガス事業者は 45MJ ／ Nm³ であるが、東北地方では、県内油田から採掘される発熱量の高い天然ガスを主として用いているため、50MJ ／ Nm³ を約款に謳う事業者がいる。同様に、中越地方では42MJ ／ Nm³ を約款に謳う事業者もいる。すべて 13A であるが、定義に幅があるため、事業者の間で発熱量に 10％以上の差が生じているのである。

　水素の高発熱量は 12.8MJ ／ Nm³ であり、単位体積当たりの発熱量が13A に比べて約 1/3 であるから、都市ガスに 10％（体積比）の水素を混

図表 2-30　都市ガス（13A）の規格と水素混入量

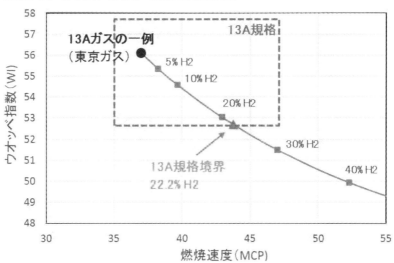

出所：矢田部隆志「低炭素社会の実現に向けた水素エネルギーについて」国際環境経済研究所ホームページ（2017 年）

入すると、発熱量は 7 ％程度減少する。東北地方の 50MJ ／ Nm^3 の都市ガスに水素を 10％混入すれば、むしろ首都圏の都市ガスの発熱量に近づく。

　13A の代表的な発熱量である 45MJ ／ Nm^3 の場合、最大 22.2％まで水素を混入しても JIS の定義に適っている（図表 2-30）。

　以上のとおり、水素を一定程度都市ガスに混入することは 13A の基準上も問題なく、過去に供給していた石炭ガス由来の都市ガスにも水素が含有されていた事実もある。

　経済産業省は、2019 年から 2020 年にかけて、ガス事業制度検討ワーキンググループにて熱量バンド制への移行の検討を行った。現在の標準熱量制（ガスの単位体積当たり熱量の標準値＜毎月の算術平均値の最低値＞を定め、熱量の変動を制限する仕組み）では、産地によって異なるガスの発熱量に対応しづらい。諸外国と同様に熱量バンド制を採用することによって、ガス事業への新規参入をしやすくするとともに、天然ガスの生産地の選択の幅を広げることが可能になる。しかし、同ワーキンググループの取りまとめでは、熱量バンド制の導入は見送られた。熱量の変化に伴う需要設備の改修費用が大きすぎるというのが理由であった。

　とはいえ、再エネ由来水素の登場により待望のガスの非化石燃料化が可能となった現在、化石燃料の消費を削減する方策として、都市ガス混入ついての検討をむしろ加速させる必要がある。

　都市ガスと水素の混合方法であるが、大別すると需要場所で混合する方法と供給段階で混合する方法（途中のガス配管・導管での混入含む）がある。消費者が各々自らの需要場所で混合させていては当然、非効率になる。需要家側の設備に変更を加えない方法としては、供給側での混合のほうが合理的であろう。欧州では、天然ガス導管に水素を混入し、そのままガス導管で供給している。この方法は、比較的簡単にネットワークを構築できるうえに、輸送に関わる費用を抑えることもできる。欧州に比べると日本のガスのネットワークの規模は小さいが、それでも既に一定の規模のネッ

トワークは構築されているのでガス体エネルギーの非化石燃料化として速
やかな検討が期待される。

(5) CO_2フリー水素ガスの普及策

　現在、水素エネルギーは、同じ発熱量の化石燃料に比べて割高であり、
このままでは経済性の面で普及が見込みにくい。そのため、政府も「水素・
燃料電池戦略ロードマップ」の中で、水素エネルギーの価格が2020年代
後半とされる商用開始時には30円／Nm^3（CIF価格）以下で海外から輸
入されると謳っている。

　この30円／Nm^3（CIF価格）の水素エネルギーを用いて発電した場合、
発電単価は17円／kWhとなり、石油火力よりは安価になるが、LNG火
力や石炭火力に対しては経済性に劣るという試算結果が報告[4]されている。
2019年3月に見直した「水素・燃料電池戦略ロードマップ」では将来、
20円／Nm^3、発電単価12円／kWhを目指すとした。

　これまで再エネは、一般的に発電に用いられ、熱需要で利用する取り組
みは一部を除いてなかった。熱需要でも、冷房・暖房・給湯などは、電気
でも燃料でもいずれのエネルギーから賄うことができる。言い換えれば、
電気の需要と燃料の需要にはトレードオフの関係がある。FITの賦課金
によって電気代が大幅に上昇すると、消費者には、電気機器の利用を敬遠
し（電力消費を抑制し）、FITの賦課金がない燃料に代替していくインセ
ンティブが働く。また、電気を使う場合でも、燃料を購入して自家発電す
ればFITの賦課金を払う必要がない。

　つまり、電気と燃料は環境政策上イコールフットとなっていない。この
ため、FITの賦課金は、脱炭素化に逆行して化石燃料消費を促してしま
うおそれがある。さらに、再エネ電気の利用を促すために水素を製造する
こととして、水素の製造コストを電力の利用者や電力小売り事業者に負担
させるような制度は電気料金の上昇を招き、むしろ電力需要を抑制してし
まう懸念があるため制度設計には留意する必要がある。

そのうえで、これを解決するため、また長期的に自立的な価格を目指すために、黎明期の CO_2 フリー水素には一定のインセンティブを検討する必要があろう。電力でも過去に PV や風力発電で同様の議論がなされてきた。従来の発電方式に比べ、再生可能エネルギーによる発電単価は数倍のコストがかかるとされ、その差額を FIT にて埋めることで市場拡大を図り、その量産効果で導入コスト削減を目指すとしたのである。この FIT と同様の仕組みを燃料に適用することは可能と考える。

　すなわち、化石燃料に賦課金を課し、その賦課金から CO_2 フリー水素のコストに補てんすることで、CO_2 フリー水素の市場導入を円滑かつ加速させるものである。電力の場合も当初は、発電原価の約 10 円／ kWh に対し、PV の場合、約 4 倍の 40 円台／ kWh で固定価格買い取りを行った。買い取り価格を、2030 年に目標としている水素の価格 30 円／ Nm^3 の 4 倍と仮に設定した場合、120 円／ Nm^3 となる。現在、水素ステーションで販売されている水素の販売価格は 100 〜 120 円／ Nm^3 といわれている。また、第 3 章で説明するとおり、CO_2 フリーアンモニアによる水素エネルギーの発電燃料への導入は、現時点でも水素熱量等価コストで 22 円／ Nm^3 程度の水準の実現可能性があることを考えると、経済的に成り立つ水準といえるだろう。初期の需要には賦課金が前提であるが、水素エネルギーをガスエネルギーとして活用するのであれば、ある程度の普及を見込むことが可能であろう。

2.3.4　レジリエンスを向上させる方策

(1)エネルギーレジリエンス

　昨今、「レジリエンス」という言葉がよく使われる。レジリエンスとは、外的な衝撃にも折れることがない、しなやかな強さを表す言葉である。

　エネルギーレジリエンスとは、平時には、需要家を含む社会に対して所要のエネルギーを安定的に供給すること。そして有事には、自然的・人為

的災害をはじめとしたさまざまなショックがエネルギーの供給支障を生じた場合に、それが人命・資産や経済活動及び社会にもたらす影響を低減するための、災害などの発生前後におけるハード・ソフト面での安全性・堅牢性及び迅速な停止復旧能力としている。需要家の取り組みにクローズアップしてみると、災害が発生した場合にも、速やかに機能を回復し、事業継続ができるようにシステムを構築するという考え方である。

災害後の機能復旧には、

①インフラ途絶期

　　震災直後から数日間

②生活確保期

　　系統電力が復旧し救援物資の配給が定常化した数日後から数週間程度

③機能再開期

　　主要なインフラが復旧したあとの施設機能再開期

の３つの段階を経るものと考えている（図表2-31）。

経済産業省資源エネルギー庁は、2020年7月にエネルギーレジリエンスの定量評価に向けた検討会の中間論点整理を行った。

これまでも、エネルギーレジリエンス向上の取り組みを定量的に評価す

図表 2-31　インフラ復旧までの施設機能維持について

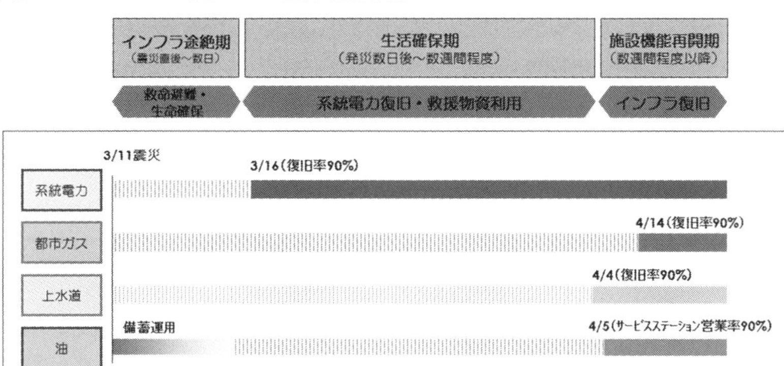

出所：『建築設備と配管工事　2020年3月号』

る試みは存在したが、そのほとんどはエネルギー供給側の取り組みであり、こうした取り組みが企業などの需要家や、ひいては社会全体の価値向上にどうつながるのかといった観点には乏しかった。

　エネルギーレジリエンス向上の取り組みを持続可能なものとするためには、エネルギーレジリエンス向上の投資に対価（お金）を払う需要家側に、どのような便益が生じるのかを具体化・定量化した「アウトカム指標」に基づく評価手法の確立が必要である。

　また、エネルギーレジリエンスの向上を目指す企業などの取り組みが企業価値の向上に寄与しているかというと、そういう評価を受けてきたとは言い難い状況である。これは、どのような取り組みがエネルギーレジリエンスを向上させるのか、そうした取り組みがどのように企業収益の向上につながるのか、これらをどのように定量的に評価し得るのかについて、エネルギー業界、需要家及び金融界のそれぞれにおいて、知見やノウハウの蓄積が十分でなかったことが大きな原因である。

　しかし、一部の産業では、エネルギーレジリエンス向上を求める顧客の声を受け、具体的な投融資を進める事例が見られるようになってきている。また、国外に目を転じると、新型コロナウイルス感染症の拡大などにより、エネルギーレジリエンスへの関心が急速に高まり、これをビジネス・ファイナンスにつなげていく動きが加速しているという現実がある。

　エネルギーレジリエンス投資は、有事のみならず平時においても多様なショックへの耐性と回復力を向上させ、ひいては他社との差別化要因となることを通じて、企業収益の向上や持続的成長につながるものである。

　レジリエンス評価の定量化は、需要家ごとに求められるレジリエンスの水準を明示することも期待されている。例えば、自治体の避難所とデータセンターとでは、求められるレジリエンスの水準は大きく異なる。定性的な表現では、需要家にとって導入すべき機器・設備が不明確であり、需要場所ごとにレベル感の異なる設備が導入されたとしても、それ自体が必要な基準を満たしているかどうかも評価し難い。需要に応じてレジリエンス

の水準を明確化し（スコアリング）、その水準を達成するために必要な設備や取り組みの具体的明示が需要家の望むものである。このようなわかりやすさが、レジリエンスに向けた取り組みの加速につながるものと考える（図表 2-32）。

　定量化の結果、達成すべき水準に対して未達成の取り組みが見えやすくなる。スコアの課題は優劣を付けやすくなることである。しかし、このスコアは、達成すべきレジリエンスの水準を示すものであり、他需要家との比較をするものではないことに留意する必要がある。設備投資する資金は限られており、最も有効な措置から優先に投資するための指標といった活用をするものである。定性的評価では、過剰な対策を抑制することは困難だが、スコアリングは費用対効果がわかるようになり、必要な対策の見える化と、いつまでに、どの水準まで向上させるかといった計画的な施策を講じることに役立つものである。このような取り組みは国際標準化も必要

図表 2-32　エネルギーレジリエンス評価における重要項目

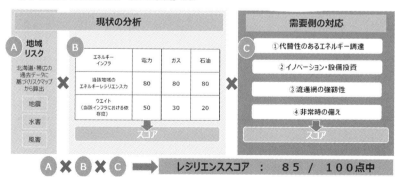

出所：第5回エネルギーレジリエンスの定量評価に向けた専門家委員会　エネルギーレジリエンスの重要項目と定量評価指標（2020年5月28日）

である。

　また、スマートメーターの普及などのデジタル技術も、被災して混乱している現場の状況を把握することや、いち早く対策を講じるための手段として注目が集まる。

　各企業の持つエネルギー、データ、ヒューマンリソースといった分散リソースがつながる基盤の実現に向け、多くのリソースがつながるように社会に対して働き掛けることを目的とした「スマートレジリエンスネットワーク」という団体も設立された。

(2)プレミアムグリッド®

　平常時は、限られたグリッド範囲内の発電と需要を協調させることで環境性と経済性を高め、また、非常時において長時間停電が発生した際でも、遮断器を開放して電力系統と切り離して、エネルギーマネジメントシステム（EMS）などを用いて独立したネットワーク内で、電力を融通する手法が考えられる。このようなロバスト性を高めた電力システムを東京電力グループでは「プレミアムグリッド®」と呼んでいる（図表2-33）。

　プレミアムグリッド® には以下に示す4つの目的を持たせている。

①環境負荷の低減

　従来型の個別供給方式に比べて、プレミアムグリッド® を形成したエリア内で、最適な機器導入と、それを運用する技術を高めることにより、CO_2排出量を最大限に減らすことが可能となる。そのために再エネ・電力グリッド・熱エネルギーシステムの協調が必要となり、暖房・給湯需要などの供給システムにおける非化石燃料化に向け、再生可能熱エネルギーの利活用（下水・地中熱など）や二次エネルギー（電気や水素）の活用などを考えることが重要である。

②デマンドレスポンス(DR)の実現

　日本全体で再エネ電気の急速な普及により、最近では、電力グリッドへの負担が顕在化している。送電容量不足、電圧上昇問題、周波数調整力不

足及び需給バランス・余剰電力など、さまざまな問題が生じており、他エリアの再生可能エネルギーなどを消費するポジワットを含めて、プレミアムグリッド® 内で調整をする役割も要件となる。

③非常時におけるエネルギー自立性の向上

プレミアムグリッド® は、非常時において地域内で自立できるためのグリッド形成に貢献することができ、事業継続計画（BCP）に対する面的なニーズへの対応とスマートコミュニティの構築にも寄与する。また、一般送配電事業の長期的な計画とエリアの電力供給の親和性を高めていくことで、今後の電力ネットワークの在り方を示すうえでも有効であると考えられる。

④設備投資の合理化

インフラ設備の多くは需要のピークに合わせて設備形成を行うが、エリア内で需給を満たす場合、インフラは融通に必要な規模に低減することが可能となる。また、需給をそれぞれ EMS でコントロールすることで、成り行きで発生していたピーク需要の抑制も可能となり、設備投資の抑制に資するものと考えている。

図表 2-33　プレミアムグリッド® イメージ

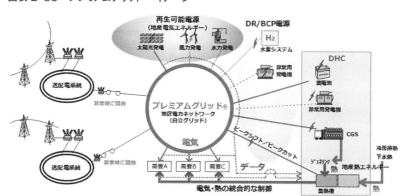

出所：新エネルギー導入促進協議会「平成 28 年度地産地消型再生可能エネルギー面的利用等推進事業費補助金（構想普及支援事業）　北青山地域におけるプレミアムグリッド® を活用したスマートコミュニティ構築の事業化可能性調査」

また、小規模なグリッド単位での需給コントロールが可能となれば、グリッド内の分散型電源を非常時の電源として活用することもできる。その際には、グリッドが広域の電力系統から切り離された「単独グリッド」として電力系統を構築することができる。すなわち、プレミアムグリッド®のもうひとつのメリットは、独立グリッドを活用した非常時での電力供給である。

　加えて、過去の災害では、救済すべき負荷の区分と非常用電源への接続に時間を要している実態がある。そのため、需要サイドにてあらかじめ救済手順をルール化するとともに、外部から給電の接続点（UX コネクター）の設置により、受電設備非常時（浸水など）に電力を早期に復旧できる対策も具体化しつつある（図表2-34）。

　また、各地においてスマートシティの実現に向け、同様の取り組みを検討・実証しているケースもある。経済産業省も総合資源エネルギー調査会・持続可能な電力システム構築小委員会を設け、災害時に送配電網の接続点を切り離し、レジリエンス強化を前提としたライセンス型の配電事業の検

図表 2-34　非常時電源ソリューションの例：UX コネクター（非常時電源用コネクター）

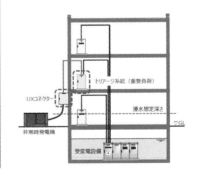

出所：東京電力パワーグリッド提案資料を基に筆者作成

討が進んでいる（2020年12月現在）。

（3）電力ネットワークのBCP対策

　分散型の電源の普及は地域の電力（エネルギー）需要と密接な関係がある。電気は、生産と消費が同時に行われることから、発電した電気がすぐ近くの需要場所で消費できる郊外型のマイクログリッドは合理的な仕組みといえる。

　ただし、従来の大規模電源や蓄エネルギー設備を活用し、地産地消の自然エネルギーを最大限受け入れ、電力需要に応えるためには、分散型電源と蓄エネルギー設備も含めた電力供給量の「コントロール」が必要となる。併せて、需要側の「エネルギーマネジメント」により、電力の需要と供給のバランスを取ることが求められる。

　場所によっては需要過多な電力系統もあり、一方、発電過多な電力系統も出てくる。それらの比較的小規模の電力系統内で需給コントロールが可能になると、電力系統同士でのエネルギーの融通という概念が生まれる。

　非常時において長時間停電が発生した際でも、遮断器を開放して電力系統と切り離して独立したネットワーク内で電力を融通するなど、EMSを用いて管理運営することも技術的に可能である。

　このような取り組みは、規模を大きくすると「スマートシティ」と称される。スマートシティには、再エネの最大導入を目指して多種多様な発電・蓄電システムを備え、電力だけではなく地区の熱供給システムとも連携し、EMSにより電力の需給調整やエネルギー融通を行うことで、地区においても広域においても最適なエネルギー利用ができるシステムも可能となる。このようなことを「エネルギーの面的利用」ともいう。

　電力に限っていえば、スマートシティの構成要素に、非常時に街区内または建物間での電力融通による電力の確保が考えられる。これを行う場合、停電などが起きている状態で電力会社の送配電網を活用して建物間融通することは、技術面・安全面・法制面などで困難であった。したがって、独

自の配電線網（自営線）を敷設するケースも検討されてきた。

　スマートシティには、前述した災害対策を施しても、防ぎきれない停電を想定した災害時の電力確保の考え方も含まれる。

　エネルギーの面的利用のなかで、電力の面的融通の手法として、①自らが維持・運用する送配電用設備により特定の供給地点において小売供給などを行う「特定送配電事業」によるもの、②密接な関係性を持つもの同士が発電した電気を相手に供給することができる「特定供給」によるものがある。2016年施行の「改正電気事業法」において、かつての特定電気事業は特定送配電事業（届出制）と位置付けられた。旧来の特定電気事業では、当該区域の電力需要に対して100%の発電能力と供給義務を有していたが、特定送配電事業では、発電能力の規定がない。また、特定供給の許可基準について、電力需要の50%以上の供給能力を持つ必要があるとしているところを、2014年3月、自ら電源を保有しない場合でも、発電設備が特定される場合に自己電源と見なせることになった。

　一方で、各地においてスマートシティの実現に向けた取り組みがある。東日本大震災以前からの取り組みでは、EMSによるエネルギー管理をベースに、再エネと蓄エネルギーシステムを活用した電力需要コントロール（DRなど）を取り入れている事例が多い。そして、震災以降の取り組みでは、非常時の電力供給を行う事例もあり、諸制度の整備と併せて、今後の街づくり、大規模開発でのエネルギー面的利用における新たな取り組みが期待される。

　もちろん、再エネ電源だけで成り立つことはない。再エネ電源を生かすためにもバックアップの多重化が必要である。電力供給方法も本線と予備線・予備電源など、二重で引き込むことも有用である。需要のコントロールには負荷ごとに入り切りさせることは難しいが、回路や分電盤単位での入り切りであればより現実的になる。要するに、重要負荷や救済負荷をあらかじめ回路単位でまとめておくということである。また、外部から一部の回路だけを生かす方法もある。これらをすべて人手で行うことは困難で

あるため、非常時には非常時モードで稼働する EMS の実装も必要であろう。

　広範囲で長時間続く記録的な豪雨・強風・高潮の多発など、気候変動などによるこれまで経験したことのないような災害は、インフラの機能に支障を来すなど、国民経済や国民生活に多大な影響が及ぼすようになった。これまで平時と非常時は異なるものであり、電力設備も非常専用のものが多かった。しかし、非常時に普段使い慣れていないシステムを活用することは現実的ではなく、レジリエンスは、普段のエネルギー利用の延長線上で対策を講じることが必要である（図表 2-35）。

図表 2-35　供給サイドの対策に加え、需要サイドの対策拡大によるレジリエンス向上

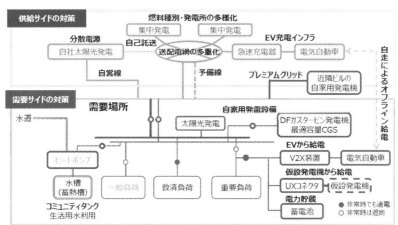

出所：第3回エネルギーレジリエンスの定量評価に向けた専門家委員会「東京電力グループにおける取組」（2020 年 3 月 17 日）

2.3.5　需要に応じたレジリエンスの事例

（1）需要家が取るべき対策　エネルギー自由化のもうひとつの姿

　建築物への電力供給は、一般的に 6 kV の高圧の電圧で供給されている。住宅であろうと工場・事務所であろうと、多くの設備は 100 / 200 V の低

圧の電圧で稼働している。しかし、工場・事業場など大規模需要家に低圧の電圧で電力を供給するのは、大電流を流すために太い電線が必要となることや、電流が増加すると送配電ロスが大きくなるなど経済的ではない。合理的に設備を形成するために電流を抑えることが必要であり、その対策として電圧を高めて電力を供給するのである。

高圧で供給された電力は、一般に変圧器が格納された「キュービクル」と呼ばれる高圧受電設備で高圧から低圧に変圧する。高圧で供給されている需要家は「自家用電気工作物」と呼ばれ、保安業務として国家資格である電気主任技術者を配置することと高圧受電設備の法定点検が「電気事業法」で義務付けられている。この保安業務もかつては規制分野であったが、エネルギーの自由化の一環で民間企業に開放されている。

また、これまで電力供給は「一般電気事業者」と呼ばれる、国から認可を受けた電力会社が実質的に地域独占で電力供給を担ってきた。しかし、電力自由化では、発送配電小売事業が分割され、条件にもよるが、供給と需要というこれまでの区分が、発電と小売を自由に組み合わせることが可能となっている。さらに、一部エリアを区切って独自に送配電網を構築する特定送配電事業なども可能となった。都市ガスも電力同様に自由化が進んでいる。

エネルギーの自由化は、設備の保有や保安業務もある程度自由に行うことを可能にするのである。すなわち、BCPを策定することや、一定のエリアでエネルギーの地産地消を行うこと、既存のエネルギー会社に依存することなく自ら対策を講じることもできる。

(2)ビルや工場の対策　BCP電源

次に、需要家内での個々の対策について紹介したい。系統電力から供給が途絶えた場合、その復旧までの期間は、自家用発電機や蓄電池などの需要家設置の分散電源で電力を確保することとなる。「消防法」により病院などの施設には誘導灯などの防災設備の電源として非常用発電機の設置が

義務付けられているが、避難や消火など人命救助を目的としているため、消防用の非常用発電機では容量が十分でないことが多く、平常時と同様の電力を得ることができない。

　したがって、事業継続、すなわち、BCP対策を講じるためには別途電源を確保する必要がある。昨今の技術開発により、その電源として蓄電池が活用できるようになってきた。

　蓄電池は、平常時の電力需要平準化対策のほか非常時において、
　　①落雷などの瞬時電圧低下（瞬低）対策
　　②停電時の非常用電源供給の用途
で活用される。①瞬低対策は、電力品質（電圧・周波数など）を高いレベルで維持する必要のある半導体工場などの需要家を中心に採用される一方、②非常用電源としては幅広い需要家で活用されている。

　業務用の蓄電池としては、これまで6〜7時間程度の充放電が可能な大容量NAS電池などが活用されてきたが、近年では、数分から1〜2時間程度の充放電特性に優れたリチウム電池などが製品化されてきている。さらに、非常用発電機や自家用発電機（十分な熱利用先があるコージェネレーションを含む）を組み合わせることで、各需要家が求める非常時電源の「電力品質」と「電力供給時間」に応じたシステム最適化が可能である。例えば、

* 数分〜1時間程度の供給であればリチウム電池システム
* 6〜7時間程度の供給が必要な場合はNAS電池システム
* 数十時間以上の供給が必要な場合はリチウム電池と非常用発電機の組み合わせ
* 熱需要がある場合はコージェネレーションとリチウム電池の組み合わせシステム

が適している。

　PVなど分散電源との併用も可能だ。系統連系の安全などの観点からPV設備は停電とともに発電を停止する。それでもパワーコンディショナ

ー（PCS）から直接電源を取ることも可能であるが、最低限の容量しか使うことができない。しかし、同じ内線系統に非常用発電機が設置されている場合、非常用発電機が稼働すれば内線が充電されるため、PV設備が稼働する。非常用発電機は燃料消費が抑制され、少ない燃料でも長期にわたる電力供給を可能とする（図表2-36）。

図表 2-36　BCP 対策時の発電イメージ

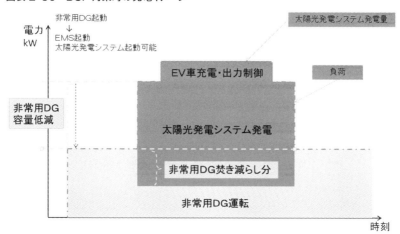

出所：筆者作成

（3）住宅・小規模需要家の対策　太陽光発電＋電気自動車による自立

　また、家庭や小規模ビルなどの非常時供給については、EVやプラグインハイブリッド自動車の蓄電池を電源として活用すること（V2H）も可能となってきた。最も簡単な方法としては、EVのコンセント（「V2L」と呼ばれる専用の装置を必要とする場合もある）に直接、照明や家電製品などを接続する方法である。近隣が復電して、急速充電器などが利用できる場合は、EVを保有しているだけで追加的な設備がほとんどいらない点で、最も簡単な対策といえる。

　実際に、2019年の台風15号の際、千葉県下47カ所の施設・家庭に

V2Hで電力を供給する復旧支援活動が行われた。EVを利用する場合には、当然のことながらあらかじめ充電しておく必要がある。充電については、比較的早い段階で復旧した市街地や、高い電圧を使用している大口の需要家では停電がなかったため、そこに設置している充電スタンドを利用している。また、充電スタンドが停電で使用できない場合でも、ウェブで確認可能であり、利用可能な別のスタンドに移動することで対応は可能であった。大型の電源車では通行できないような箇所にも行くことができ、被災地域を広くカバーすることができる。

電動車は、排気を出さず騒音・振動が小さいため、住宅が密集している地域や、保育所など子供がいる場所においては、需要家の評価は高い。また、電源車は要員の常駐が必要だが、ガソリンなどを取り扱わないため安全性も高く、夜間を含めて無人運転できたことも災害時の混乱のなかでは、とりわけ有効だったと考えられている。

電動車による給電については、比較的新しい技術・取り組みであるため、今回の一連の運用や現地での対応において、下記のとおり、いくつかの課題と対応の必要性が確認されている。

①車両の台数

1万件を超えるような広域停電に対しては、数十～数百台規模の電動車の台数では対処困難であるため、各家庭などで災害時に活用するためには電動車の普及が急務である。

②使い勝手

給電機器のセッティングは、それほど難しいものではないが、経験がないと戸惑う可能性がある。非常時は混乱しており、難しいオペレーションは困難であるため、取り扱いがシンプルで誰でも直感的に使えるなど、簡単に使えるものであることが必要である。また、今回は、家電などの機器を給電装置につなぐV2L方式であったが、コンセントが届かないと利用できない機器もあるため、家庭内の配線に直接接続するV2H方式の普及も望まれる（図表2-37）。

図表 2-37　電動車からの給電方式

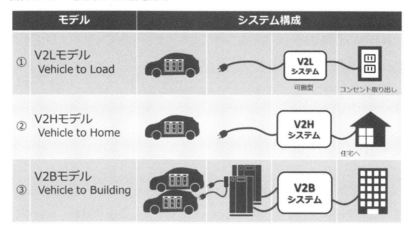

出所：電動車活用社会推進協議会　第1回電動車活用促進ワーキンググループ　東京電力ホールディングス資料（2019年11月）

③充電スタンド

電動車は、当然、自走できるため、近くの充電スタンドで充電すれば繰り返し利用が可能である。したがって、今後、電動車の普及が進むと、充電スタンドの更なる拡充が必要となる。また、自宅にPVがある場合は、PVの電力で車両の充電が可能となる装置の簡素化が必要である。

④安全性

ガソリン・灯油のような危険物を取り扱わず、燃焼もしないため、安全性はポータブル発電機などより高いが、通電時での短絡・漏電などによる感電・火災のリスクはある。現時点で電動車からの電力供給には主だった規制・ルールが存在しないため、利用者にも正しい知識を伝えていく必要がある。

一層の利用拡大に向けては、電力の供給量を増やす「大容量化」、オペレーションを合理化するための「システム化」、法人や個人の所有する電動車の非常時での「BCP活用協定」などが必要と思われる。

（４）交通インフラ・道路とエネルギーネットワークの融合

　「道路法」第一章第一条には、「道路網の整備を図るため、道路に関して、路線の指定及び認定、管理、構造、保全、費用の負担区分等に関する事項を定め、もって交通の発達に寄与し、公共の福祉を増進することを目的とする」と記載されている。当然であるが、道路は交通の用に寄与することが求められているのである。

　必ずしも交通だけでなく、ガス管・水道管・電柱など、他のインフラも道路を使用している。しかし、これらのインフラは「道路法」の目的には含まれていない。「道路法」では、交通以外のものは道路の占有と見なされている。道路にこれらのインフラを設け、継続して道路を使用する場合、道路管理者の許可が必要となるのである。すなわち、道路網の整備・交通の発達だけが目的であって、それ以外は、公共性を有する施設・設備であっても目的外の利用と見なされているのである。

　「道路法」の第一条の最後に、公共の福祉を増進することと記載していることから、道路網がある程度発達した現在においては、車や人などの交通の用途だけではなく、情報やエネルギー・上下水道といった役務やモノを運ぶことにまで目的を広げることで、道路が生活を支える主要なインフラとなると考えられる。

　都市部では、再開発とともに道路と公園を一体化させることで、道路空間の利活用の幅が広がる。安全性の観点から歩車分離が進められているが、公園とペデストリアンデッキが有機的につながれば、歩行空間の確保とにぎわいの創出が可能になる。さらに、ペデストリアンデッキに公共インフラを併設できるようにすれば、景観確保とデジタル化などの利便性も向上する。

　郊外部では、再エネ発電の電力を運ぶネットワークの役目も可能だ。昨今の自動車の燃費向上によりガソリンスタンドの件数が大幅に減少している。過疎地域でのガソリンスタンドの維持は、地方行政での課題になりつつある。一方で今後は、EVの普及が期待されている。EVは、燃料を使

わないものの充電設備を必要とする。電力系統は、道路とともに張り巡らされているため、電力の供給は可能ではあるが、充電設備は、現行の「道路法」では占有の扱いになり、交通の目的でありながらも導入ハードルは高い。過去の道路政策では、道路で車両の充電を行うことなど想定されていないため、このような新たな技術の登場にまだ「道路法」が適用できていない。特に郊外部は、メガソーラー発電など再エネ発電が都市部に比べ多く存在している。道路がつなぐ役割を果たせば、これら再エネ発電の促進に大きく役立つ。仮に充電設備を道路に置かないとしても、道路と併設される道の駅に設置することは考えられる。ガソリンスタンドが減少することは、郊外部での交通インフラに対して危機的な状況をもたらすが、EVと再エネ電気はその交通網を維持することや、さらには自動運転などにより、一層高度化させることも可能だ。まさに、新しい形の交通による

図表 2-38　新時代のインフラとして期待される道路

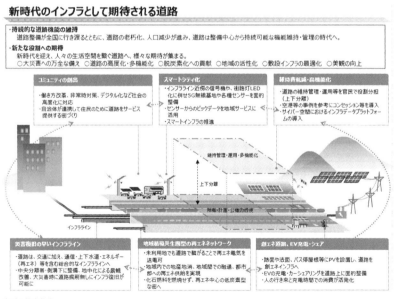

出所：筆者作成

公共の福祉の増進といえる。

　今後の道路は、交通に限らずインフラすべての道となり、インフラライ
ンになることで、ますます道路の意義が高まる（図表2-38）。

（5）再エネ発電の増加に果たす、エネルギーネットワークの役割

　PV 導入の加速により、春や秋など電力需要の軽負荷日には、再エネ電
気の余剰が発生することが増えてきた。本章の冒頭で、電力ネットワーク
のプラットフォーム型への転換を述べたが、需要とのマッチングがなけれ
ば、いくらプラットフォームといえども再エネの余剰分をさばくことは難
しい。遠隔地に需要があれば、その需要に供給すればよいが、P2G のと
ころでドイツの事例を紹介したとおり、ピークのために送電線の増強を行
うことも経済的ではない。PV の多くは地方の配電線に接続されているこ
とから、その配電線内で発電と需要がバランスすれば、送電線への負担も
軽減する。要するに、エネルギーの地産地消の促進である。地産地消の促
進には電力需要の増加が欠かせない。

　地域に需要を創出できなければ、やはり電力系統を増強せざるを得ず、
系統を維持管理するための費用増加が、結果として託送料金の増加を誘引
してしまう。

　今後、人口の減少に伴い、エネルギー需要が自然に増加すると見込むこ
とはできない。電力需要の増加には、アクティブな啓発活動が欠かせない
だろう。需要の喚起には、工場であれば、電気を利用して生産性を向上さ
せるような提案を行う必要がある。住宅では、設備が大きくなってしまう
ことや導入費用がかかること以上に、利便性を高める使い方や導入費用を
軽減させるような提案を行う必要がある。このような啓発活動によって系
統増強の抑制と再エネ電気の余剰が解消するのであれば、結果として託送
費用の低廉化につながる。

　現在、ガス事業においては、新規のガス需要の増勢に応じて需要造成対
策費用の1/2をガスの託送費用に算入している。ガスの新規需要に向けた

九州エリアでの実績　2020年5月17日

出所：筆者作成

　需要開拓費用は、ガスを利用する需要家が平等に負担している。その分、ガスの託送費単価が結果として低減するということが理由である。

　前述のとおり、再エネ電源の普及のために、需要を開拓する費用の託送原価参入も検討していく必要があるだろう。

　電力ネットワークは、単にエネルギーを運ぶだけではなく、ネットワークの活用を通じて、需要の開拓や再エネ発電の更なる導入を引導していく可能性を秘めている。需要家間のミクロなつながりから、系統全体のマクロの運用をよりきめ細かくマネジメントすることで、エネルギープラットフォームの役割を果たしていくと考える。

［脚注・参考文献］
1　NEDO、未利用熱エネルギー革新的活用技術研究組合「15 業種の工場設備の排熱実態調査報告書」（2019 年 3 月）
2　日本電気計測器工業会「製造業におけるエネルギー効率向上へのシステムアプローチ」（2016 年 3 月）
3　ARBEITSGEMEINSCHAFT ENERGIEBILANZEN e.V.「Evaluation Tables of the Energy Balance for Germany」（2020 年 9 月）
4　経済産業省「水素発電に関する検討会報告書」（2015 年）

第３章

水素エネルギーと
アンモニア

3.1 水素エネルギーの重要性

3.1.1 脱炭素社会と水素エネルギー

　日本が脱炭素社会に移行するためには、再エネの比率を大幅に高めなければならないが、国内には、一定の経済性を確保しつつ必要なエネルギー量を安定的に供給できる再エネ資源が存在しているとはいえない状況にある。

　海外に目を転じると、安価な再エネが大量に賦存している地域が広範囲に存在する。こうした実態と、日本が直面しているエネルギー・環境制約の状況を併せ見るならば、日本は、海外の再エネに恵まれている地域から安価な再エネを大量に導入することを考える必要があるだろう。エネルギーを海外に依存することについては、エネルギーセキュリティー面での配慮が必要であるが、海外の再エネに恵まれている地域は、政情安定な地域にも大きく広がっている。

　世界に大量に、かつ広範な地域に賦存する再エネは太陽、風力エネルギーで、その量は他の再エネに比して格段に大きい。これらのエネルギーは、一般的に電気や熱エネルギーに変換されて利用されるが、電気や熱エネルギーは、大量に長距離を運ぶことが困難である。こうしたことが可能なエネルギー形態は化学エネルギーであり、化学エネルギーである水素は、地球上に豊富に存在する水と再エネから製造できる。[1]つまり、水素をはじめとする水素エネルギーは再エネの輸送手段となるのだ。

　水素エネルギーは、余剰再エネの蓄エネルギー手段として、また、再エネの地産地消の手段としての役割を担うこともできるが、前述のように日本の置かれている状況を顧みると、日本にとっての水素エネルギー導入の最大の意義は、「<u>再エネ資源に豊富に恵まれた地域から再エネを大量に導入する手段となる</u>」ことにある。

3.1.2　日本にとっての水素エネルギーの重要性と導入の意義

　ここで、「日本にとっての」と記したのには理由がある。なぜなら、水素エネルギー導入の意義とその最適な利用方法は、国や地域によって大きく異なるからだ。その原因は、水素エネルギーの本質的な性質に由来する。IEA は、それを次のように記述している。

　「水素は、電気と同様にエネルギーを運ぶ媒体であり、それ自体はエネルギー源ではない。水素と電気が大きく異なるのは、水素は分子による（化学）エネルギーの運搬媒体であり、（電気のように）電子によるエネルギー運搬媒体ではないことだ。この本質的な差が、それぞれを特徴づける。分子だから長期間の貯蔵が可能であり、燃焼して高温を生成することが出来る。また炭素や窒素等の他の元素と結合して、取扱いが容易な水素エネルギーキャリアに変換することが出来る[2]」

　このような性質を持つ水素は、多様なエネルギーシステムを可能とする。そのため、合理的な水素エネルギー利用の在り方は、その製造・輸送・利用方法によって異なることになる。さらに水素エネルギーシステムの「合理性」は、水素エネルギー関連資源の賦存状況[3]、地理的環境、エネルギーインフラの状況などによっても異なるので、水素エネルギーの最適な利用方法は当然のことながら国や地域の環境によって大きく異なる。

　水素エネルギーの導入方法に関して、よく欧州の例が引き合いに出されるが、それは時として日本の参考にはならない。第2章2.3.3（2）で記したように、欧州は、①域内に豊富な風力や水力などの再エネ資源があり余剰の再エネ電力が存在する、②水素の需要地が再エネ電力の賦存地域に比較的近接している、③域内には送電線網やガスパイプライン網が構築されている、そして、④暖房用のガスパイプラインを利用した水素の熱エネルギー源としての需要も大きい——など、ある意味、特殊な環境にある地域である。そういった地域では、余剰の再エネ電力を水素に変え、水素

を気体のままガスパイプラインやタンクローリーなどで輸送し、利用することが合理的であり、経済的である。しかし、欧州とは環境の大きく異なる日本で、こうしたことが当てはまるわけではない。

日本にとっての水素エネルギーの意義に関わるもうひとつの特徴は、第1章で見たように、日本では「電源の脱炭素化」「産業分野の熱源の脱炭素化」の手段として、水素エネルギーが大きな役割を果たすと考えられることである。加えて、そういった分野で必要とされる水素エネルギーの量的規模は極めて大きいことだ。

日本では、水素エネルギーというと、その用途としてFCVやエネファームが一般的にはよく知られているが、これらの用途は、水素エネルギーの重要な用途ではあるものの、これらの用途向けに当面、必要となる水素エネルギー量は多くはない。[4]例えば、「水素基本戦略」に掲げられた2050年のFCVの普及目標である80万台のFCV用燃料に必要となる水素量は年間7万t程度であり、[5]そのために、わざわざ海外から水素エネルギーを導入することは喫緊の課題ではない。これに対し、電力の脱炭素化に要する水素量は、出力60万kWのガス発電タービン1基の燃料を水素に変えるだけで、年間25万tの量の水素が必要となる。これは、FCV280万台分の年間水素燃料量に相当するというほど、必要となる水素量の量的規模が異なる。

3.1.3　水素エネルギーに対して呈される疑問について

水素エネルギーに対して、しばしば呈される疑問について触れておきたい。その"疑問"の代表的なものは、水素エネルギーは二次エネルギーなので、一次エネルギー供給の確保のための根本的な解決策にはならないという指摘、そして、水素エネルギーの利用では（再エネから製造し、利用の際に水素エネルギーから電気や熱エネルギーなどに再び変換して利用するというように）エネルギー変換を繰り返すため、製造から利用に至るエ

ネルギー利用効率が悪いといった指摘である。

　しかし、量的な観点からは、水素エネルギーのもととなる太陽、風力エネルギーなどの再エネ資源はほぼ無尽蔵に存在するので、これらのことは問題にはならない。

　また、効率の問題に関しては、水素エネルギーのコストを低減するために、その製造から利用段階までのエネルギー利用効率を高めることは確かに重要ではあるが、資源の賦存量の量的な制約が小さい場合にはエネルギー効率の価値は相対的に小さくなり、利用段階でのエネルギーコストが他のCO_2フリーエネルギーと競合できる水準かどうかがより重要になる。こうした場合には、製造から利用に至るエネルギー利用効率の大小がエネルギー選択の実際的な決定要因となるわけではない。

　このほか、水素はエネルギー密度が小さいだけでなく、着火しやすくて爆発的に燃える水素の大量輸送・貯蔵は容易ではないので、大量の水素エネルギーの利用を図ることは非現実的という指摘もある。この問題は、後述のように水素エネルギーキャリアを用いることによって克服できる。

　なお、現時点では、水素のほとんどが化石燃料から製造され、その製造過程でCO_2が排出されるので、水素エネルギーを導入する意味はないという指摘もときどき目にする。しかし、以下で議論の対象とする水素エネルギーは、今後、製造方法の主力となる再エネからの水素エネルギー、または、化石燃料を原料とする水素エネルギーであっても CCS によりCO_2フリーとした水素についてのものである。

COLUMN

「水素エネルギー」用語の定義

　学問的な「水素エネルギー」の定義はないようだ。そうしたなか、資源エネルギー庁は、「水素エネルギー」を「利用時にCO_2を出さないエネルギー」と定義している。[6]

水素エネルギーの代表的な物質は水素（H_2）だが、他の水素化合物も水素エネルギーを持っている。例えば、アンモニア（NH_3）も水素化合物であり、利用時に「CO_2を出さない」ので水素エネルギーである。一方、天然ガス（主成分はメタン＜CH_4＞）などに代表される化石燃料も水素化合物だが、分子中に水素のほかに炭素（C）を有し、利用時にCO_2を出すので、上記の定義では、水素エネルギーとしては扱われないことになる。

　一方、IEA は、水素エネルギーに関する包括的な調査レポート「The Future of Hydrogen」の中で、水素エネルギーに係る議論の対象として考えるべき物質を「Hydrogen based fuels」と呼んでいる。[7]水素エネルギーに関する政策などを検討する際には、こうした扱い方のほうが政策対象をより適切に捉えられるという点で、より合理的であると思われる。

　このように、水素エネルギー関係の用語の定義は確立されていないが、この論考では、以下のように用語を使うことにする。

＊「水素」

　水素（H_2）自体は物質であるが、エネルギーを運ぶ媒体ともなる。水素は他の元素と結合して水素化合物となり、水素化合物もエネルギーを運ぶ媒体になる。

＊「水素エネルギー」

　利用時に CO_2 を排出しない水素及び水素化合物。

＊「水素キャリア」

　水素を輸送・貯蔵の容易な物質や状態に変えたもの。

＊「エネルギーキャリア」、「水素エネルギーキャリア」

　エネルギーキャリアの字義は「エネルギーを運ぶ媒体」だが、ここでは「水素エネルギーを運ぶ媒体」という意味で用いる。SIP「エネルギーキャリア」のエネルギーキャリアも同様である。文脈によっては、これを水素エネルギーキャリアと記す。

3.2　水素エネルギーキャリアとアンモニア

3.2.1　水素エネルギーキャリア

　水素エネルギーの代表的な物質である水素は、常態では体積エネルギー密度が大変に小さい気体であること、マイナス253℃という極低温まで冷却しないと液化しないことなど、その物性に起因する特性から、大量に輸送・貯蔵することは容易ではない。このため、水素エネルギー関連資源に恵まれた地域から遠隔の地にある日本のような国が水素エネルギーを大量に導入するためには、輸送・貯蔵の容易な物質や状態の形、すなわち、水素エネルギーキャリアを利用して導入することが必要となる。

　水素エネルギーキャリアとしては、いくつかの物質が提案されているが、政府の「水素基本戦略」においては、液化水素、メチルシクロヘキサン（MCH）、NH_3、そしてCO_2フリーCH_4がその候補として取り上げられ、研究開発や調査研究が進められている。

　なかでも、内閣府の戦略的イノベーション創造プログラム（SIP）の1テーマとして2014～2018年度にわたって実施されたSIP「エネルギーキャリア」では、CO_2フリー水素のバリューチェーンの構築に向け、水素の製造、水素エネルギーの輸送・貯蔵のためのエネルギーキャリア、そして、その利用に関する総合的な研究開発が行われたが、そこでは水素エネルギーキャリアとして、液化水素、MCH、NH_3が取り上げられた（SIP「エネルギーキャリア」については、【補論】を参照）。

　このSIP「エネルギーキャリア」で実施された研究開発や調査研究によって明らかとなったことは、大量の水素エネルギーの輸送手段としてのNH_3の優れた性質である。そこで、NH_3の水素エネルギーキャリアとしての特長から説明する。

3.2.2　アンモニアの特長

(1) 大きな水素密度

　NH3は、1分子中に3つの水素原子（H）を持つ、水素密度の大きな物質である。液化NH3の体積当たりの水素密度は、SIP「エネルギーキャリア」で研究開発対象に取り上げられた3つの物質の中で最大で、液化水素のそれよりも大きい（図表3-1）。体積当たりの水素密度が大きいということは、その輸送・貯蔵に必要となるインフラの規模が比較的小さくて済むことを意味する。

(2) アンモニアの大量輸送・貯蔵技術

　NH3は、常圧下でマイナス33℃、または常温で8.5気圧といったマイルドな条件で液化し、その体積は、同重量の気体水素の1/1350（冷却して液化した場合）または1/1200（圧力をかけて液化した場合）となる。

図表 3-1　各エネルギーキャリアの物性値

	水素含有率 （重量%）	水素密度 (kg-H₂/m³)	沸点 （℃）	水素放出 エンタルピー 変化* (kJ/molH₂)	その他の特性**
液化アンモニア	17.8	121	-33.4	30.6	急性毒性、腐食性
有機ハイドライド (MCH：メチル シクロヘキサン)	6.16	47.3	101	67.5	引火性、刺激性
液化水素	100	70.8	-253	0.899	強引火性、強可燃性、爆発性

　＊：MCH：　トルエン（C₇H₈）（分子量92）とMCH（C₇H₁₄）（分子量98）の水素分子の差により水素を運ぶ

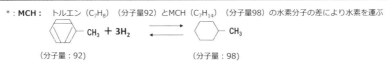

　　　（分子量：92）　　　　　　　　　　　　（分子量：98）

　＊　　　水素放出エンタルピー変化：　　水素を取り出す際に必要となるエネルギー。
　＊＊　　「その他の特性」の記載事項は、MSDSの「危険有害性情報」のサマリーから
　　　　引用。各物質の正確な特性については、それぞれの物質のMSDSを参照のこと。

出所：筆者作成

　NH3の商業サプライチェーンは、国際的に既に確立し、実用に供されている。実際、NH3は、世界で年間約1.8億tが製造され、約1800万tが国際的に流通している。この流通規模は、数ある化学品の中でも最大規模のものである。つまり、NH3に関しては、大量輸送・貯蔵に係る技術的な課題はない。さらに、このNH3の液化条件は、液化石油ガス（LPG）の液化条件とほぼ同じなので、必要な場合にはNH3の輸送・貯蔵にLPGのインフラを利用することも可能である。

（3）CO2フリー燃料としてのアンモニア
　NH3は、水素を空気中の窒素と反応させてNH3とし、NH3を輸送・貯蔵したのち、利用場所でNH3を分解（クラッキング）して水素を利用するという形、すなわち、他のキャリアと同様、輸送・貯蔵が容易な水素キャリアとして用いることも可能である（図表3-2）。しかし、NH3には、こうした利用方法以外にも、NH3から水素を取り出すことなくそのまま燃料として使えるということが、SIP「エネルギーキャリア」の成果から

図表 3-2　エネルギーキャリアの役割

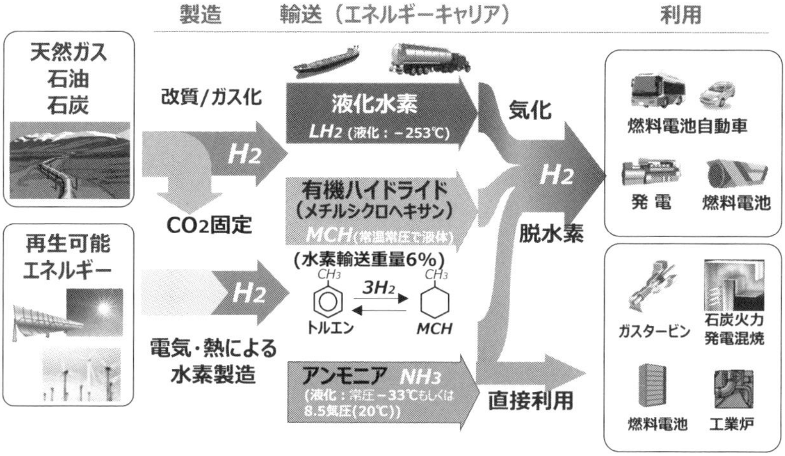

出所：SIP「エネルギーキャリア」

明らかになった（図表 3-2 内の「直接利用」）。つまり NH_3 は、優れた水素キャリアであるとともに、CO_2 フリーの燃料としても使えるのである。

これは大きなメリットである。なぜなら、それによって NH_3 から水素を取り出すプロセスが不要となり、同プロセスに必要となるエネルギーの投入もなくなるので、大幅なコストの低減が可能となるからである。さらに、容易とはいえないクラッキング後に生成する水素の取り扱いの問題からも解放される。

NH_3 が燃焼時に CO_2 を排出しないことは、NH_3 の分子式から明らかである。また、NH_3 の燃焼反応には、燃焼により分子数が増加するという特徴がある。このことは、燃焼排気によりタービンを回す燃焼機器では有

図表 3-3　NH_3 の燃料としての特徴

Advantages

- 水素密度の大きい物質。
- 大量輸送、貯蔵技術が確立。
- 燃焼時に CO_2 等の温室効果ガスを排出しない。
- 燃焼反応で分子数が増える → 排気気体量が増加する
  【NH_3 の燃焼】
  $$2NH_3 + 3/2O_2 \rightarrow 3H_2O + N_2 \quad \text{（燃焼プロセス中でモル数が増加する）}$$
  （3.5モル）　　　　　　（4モル）
  【メタン（CH_4）の燃焼】
  $$CH_4 + 2O_2 \rightarrow 2H_2O + CO_2$$
  （3モル）　　　　　（3モル）

Disadvantages

- 火が付きにくい。
- 火炎速度が遅い。（火の回りが遅い）
- Fuel NO_X が発生・排出される懸念
  $$2NH_3 + 5/2O_2 \Rightarrow 3H_2O + 2NO$$
- 毒性（急性毒性）がある。（「劇物」）

出所：筆者作成

利に働く可能性がある。

　しかし、実際に NH3 を燃料として使用することについては確認すべき課題があった。それは、「① NH3 の燃焼安定性」「②窒素酸化物（NOx）の排出抑制」の 2 つである。SIP「エネルギーキャリア」での研究開発のなかで、これらの課題が、どのように克服され、そして、どのような技術開発成果が生まれたのかについては、3.3 で説明する。

　以上の NH3 の特徴を図表 3-3 に整理する。

(4)アンモニアの取り扱い

　ここで NH3 の取り扱いの問題についても触れておこう。

　NH3 は、急性毒性を有するため、「毒物及び劇物取締法」の「劇物」に指定されている。また、NH3 は強い臭気を持つ。このため、適切な知識を持った専門家によって取り扱われることが必要である。他方、NH3 には、化石燃料の一部に含まれる物質が有するような発がん性などの重篤な長期毒性は認められていない。

　NH3 の急性毒性は、NH3 を直接吸入したり、直接接触した場合にもたらされる。NH3 は、空気中や水中で急速に拡散して酸化されるので、人が直接吸入・接触することは、通常はほとんどない。NH3 は、着火温度が高く、火炎速度が小さく（火の回りが遅く）、また爆発限界も狭い物質であるため、米国では、可燃性・爆発性物質としては区分されていない。NH3 の臭気の強さに対する所要の対策は必要となるが、この NH3 の性質は、逆に漏洩検知上は有利に働く。

　ところで、後述するように、水素エネルギーキャリアは、どの物質も爆発性・可燃性・毒性といった、異質ではあるが、それぞれの物質に特有の有害性を有している。しかし、こうした事情は、ガソリンや都市ガス、灯軽油などの化石燃料も同じである。このため、いずれの物質も専門家による適切なリスク管理のもとで使用される必要がある。

　NH3 の有する毒性について、IEA は「The Future of Hydrogen」の中

で、NH3は専門家による適切な管理のもとで取り扱われる必要があるが、19世紀初頭から冷媒として、肥料原料としては20世紀初頭から、1世紀以上の長きにわたり大量に使用されているので、NH3の取り扱い経験は、特に工業分野では豊富に蓄積されていると指摘している。そして、タンカーなどによるNH3の長距離の海上輸送も日常的に行われていること、加えて、米国の穀倉地帯では、農民が農地に肥料としてNH3を直接、大量に散布しているという例も紹介されている。

　日本では、NH3は主として肥料原料として消費されており、そのほか、火力発電所で使用される脱硝剤、大型冷凍倉庫の冷媒としても使用されている。身近なところでは、わが家のワインクーラーの冷媒にもNH3が用いられていた。3.4で後述するCO2フリー燃料としてのNH3の利用が想定される火力発電所は、NH3の取り扱い経験が蓄積されている現場のひとつである。

　このようにNH3には、既に商業的なサプライチェーンが整備され、専門家による適切な取り扱いと管理のもとで、長年にわたり大量に輸送・貯蔵・使用されている実績がある。水素エネルギーのキャリアとして具備すべき基本的な要件を満たしているといえるだろう。

3.3　アンモニアの直接利用に関する研究開発成果

3.3.1　アンモニアの燃焼メカニズムの解明

　3.2.2（3）で述べたとおり、NH3の燃焼に関する2つの課題「①NH3の燃焼安定性」「②窒素酸化物（NOx）の排出抑制」は、いずれもNH3という物質固有の物性に起因する課題である。

① NH3は、CH4と比べて、燃焼速度が1/5と遅く、火炎温度が低く、可燃範囲が狭いので、保炎範囲を安定的に維持することが課題となる。

② NH_3 の分子中に含まれる N 原子からのフューエル NO_x の生成である。天然ガス（ほぼ CH_4）の燃焼においても NO_x の発生を抑制する必要があるが、この NO_x は、高温の燃焼ガス中で空気中の N_2 から生成するサーマル NO_x である。他方、NH_3 の燃焼では、燃料中の N 原子に由来するフューエル NO_x が大量に生成すると考えられたため、その抑制が課題であった。

これらの NH_3 燃焼に関する基礎的な問題は、東北大学の研究チームによる NH_3 燃焼に関する研究から、その燃焼メカニズムが世界で初めて詳細に解明され、NH_3 燃焼の科学的基礎が確立[11]されるとともに、これらの課題の解決方法が明らかにされた。そして、この基礎研究の成果は NH_3 燃焼機器の開発に生かされることになった。

まず、「① NH_3 の燃焼安定性」の課題は、燃焼器内の空気を旋回させるスワールバーナ[12]を用いて燃焼させることで解決された。また、「② NO_x の生成」は、燃焼器内で燃焼気体中の NH_3 が若干余剰となる条件で NH_3 を燃焼することにより、抑制可能であることがわかった。こうした条件下では、燃焼気体中に存在する NH_3 の還元作用が働き、燃焼中に生成する NO_x が N_2 に還元されるのである。つまり、NH_3 は燃料としても、燃焼で生成する NO_x の還元剤としても働くことが明らかになり、燃焼機器の設計、燃焼条件の調整により、NO_x の発生が抑えられることがわかったのだ。

NH_3 による還元作用は、火力発電所やディーゼルトラックの排ガス脱硝装置で NH_3 が還元剤として既に利用されていることを思い起こせば、不思議なことではない。さらに研究からは、こうした効果が高圧燃焼の環境下で一層高まることも明らかになった。これは、より高圧下で燃料を燃焼させる、大きなサイズのガスタービンでの NO_x の排出抑制には好都合である。

このように、NO_x の発生が抑制可能となる条件が明らかにされたことから、その知見を応用して NO_x の排出を一層低減する新たな燃焼法

「Rich-Lean 2段燃焼[13]」技術も開発された[14]。

3.3.2　アンモニアの直接利用技術の開発

　NH3の燃焼メカニズムに係る基礎的な研究成果をもとに、以下のようなガスタービンエンジン、石炭混焼ボイラ、そして工業炉でのNH3燃焼技術が開発された。

(1) 小型ガスタービン

　小型ガスタービンの分野では、50kW級、300kW級のNH3専焼（NH3100%）マイクロガスタービンが開発された。これらの成果は、東北大学によるガスタービンでのNH3燃焼に係る基礎研究、産業技術総合研究所（産総研）によるNH3を燃料とする50kW級マイクロガスタービンでの燃焼技術研究との、密接な連携によって生み出されたものである。

　産総研では、福島再生可能エネルギー研究所（FREA）において、出力50kWのマイクロガスタービン発電機を用いた発電試験が、灯油／NH3混焼、天然ガス／NH3混焼、NH3専焼という順で行われた。そして、NH3専焼でも所期の出力で安定的に発電できること、また、NOxの発生は通常の脱硝装置で除去可能なレベルに抑えられることが確認された[15]。これらの成果をもとにトヨタエナジーソリューションズは、300kW級のNH3専焼マイクロガスタービン発電機を開発した。

(2) 中型ガスタービン

　中型の発電タービンでは、IHIが天然ガス／NH3混焼用の低NOx燃焼器を開発し、2000kW級のガスタービンによる天然ガス／NH3混焼（混焼率20%[16]）発電を実証した[17]。その結果、NH3混焼によってCO2の排出が削減されること、NOxの排出は一般的な脱硝装置で環境規制値以下に抑制できること、そして投入したNH3はほぼ完全に燃焼することが確認さ

れた。[18] 現在、IHI では混焼率を 50％、最終的には 100％（NH3 専焼）まで高め、かつ燃料 NH3 を気化することなくタービンに供給することを目指した開発が進められている。

（3）発電用大型（数十万 kW 級）ガスタービン

　商用の火力発電所に設置される数十万 kW 級の大型ガスタービンについては、三菱重工エンジニアリングと三菱日立パワーシステムズ（現：三菱パワー）が、NH3 を水素キャリアとして利用して天然ガス／水素混焼ガスタービンに水素を供給する、燃料供給システムの開発を行っている。小型、中型のガスタービンの場合とは異なり、NH3 を直接、燃料として利用するというアプローチを採らなかったのは、大型ガスタービンの場合、NH3 を完全燃焼させるためのガスタービン燃焼器のサイズに係る制約がより厳しくなることや、高温燃焼条件下での NOx のコントロールがより困難になることが予想されたためである。また、三菱パワーは、既に天然ガス／水素混焼ガスタービンを開発実証済み[19]であることも、その選択の背景にあった。

　NH3 を水素キャリアとして用いる天然ガス／水素混焼ガスタービン用の燃料供給システムとしては、大型ガスタービン・コンバインドサイクル（GTCC）発電機のガスタービンの排熱と触媒で燃料として供給される NH3 を分解して水素を生成、それをガスタービンに供給する方式が考案され、そのシステムの実現性が設計検討によって確認されている。天然ガス／水素混焼ガスタービン自体は前述のとおり既に開発されているので、課題は、GTCC 発電全体の発電効率を落とすことなく、ガスタービンの排熱をそれに続く蒸気タービンと NH3 分解装置に最適配分すること、さらに、こうした条件下で効率的かつ安定的に稼働できる NH3 分解装置を開発することである。詳細設計検討からは、この方式の発電システム全体のエネルギー効率は、天然ガス焚きの GTCC 発電システムをやや上回る可能性のあることが明らかにされている。[20]

この研究開発は、SIP「エネルギーキャリア」終了後も、NEDO の支援を受けつつ両社によって続けられている。

（4）微粉炭発電ボイラ（石炭火力発電向けのNH3直接利用技術）

NH3を燃料として直接利用する用途のひとつとして、石炭火力発電所において石炭と混焼利用することが考えられた。燃焼速度が遅いNH3は、微粉炭との混焼に適していると考えられ、NH3を混焼することにより、その混焼分だけ石炭火力発電からのCO_2の排出が低減できると考えられたからである。微粉炭と NH3の混焼時の燃焼挙動は、大阪大学のチームによって明らかにされた。[21]

NH3を石炭と混焼する場合の懸念事項は、ここでも NO_x の排出量の増加であったが、電力中央研究所におけるシングルバーナ炉、マルチバーナ炉での石炭／ NH3の混焼試験（NH3混焼率 20％）の結果、NH3の炉内への注入方法を工夫することによって NO_x の低減を図ることが可能であることが明らかにされた。[22]

これらの基礎的検討結果をもとに、中国電力は、同社の既設商用機である水島火力発電所 2 号機（出力 15.6 万 kW）で、実際に石炭／ NH3混焼発電を行った。この実証試験では、CO_2の排出が NH3の混焼分だけ削減されたこと、燃料として用いた NH3は完全燃焼して外部に排出されることはなかったこと、NO_x の排出も石炭専焼時と大差なく、問題なく環境基準をクリアできたことなどが確認された。[23][24] NH3の混焼率は、発電所内にある利用可能な NH3気化器の能力の制約から 0.6 ～ 0.8％程度であったが、何よりも、商用運転中の発電機で石炭／ NH3混焼技術が CO_2 の排出削減策として問題なく適用できる、と確認できたことは大きな成果であった。

この実証試験の結果を受け、同社は、石炭 /NH3の混焼技術を石炭火力発電において「脱硝装置等の改造を不要とし、既存設備を最大限利用のもと、低コストで CO_2排出削減を可能とする技術」と評価している。[25]

　これに続いてIHIは、石炭／NH3混焼技術の石炭ボイラへの実装に向け、既設の石炭専焼ボイラでNH3を混焼した場合の収熱特性の変化の解析と、既存の石炭火力発電用のボイラに装着可能でNOxの発生を一層抑制できる、微粉炭／NH3混焼バーナの開発を行った。前者の解析を行った理由は、一般的にNH3の火炎温度は石炭のそれよりも低いこと、また、NH3を混焼することで炉内に存在するススや微粉炭粒子が減少するため、炉内壁面の収熱分布が変化する可能性があったからである。この結果、新たに開発された微粉炭／NH3混焼バーナの装着により、混焼率20％でNOxの発生を石炭専焼レベルまで抑制できること、ボイラの収熱性能も大きく変化しないことが確認されている。[26]

　この石炭火力発電ボイラにおける石炭／NH3の混焼技術は、大きな設備改造を必要としないことから、バイオ燃料の導入以外に経済的な方策があまりない既設の石炭火力発電所のCO2排出削減手段として、電力会社や自家発電設備を持つ事業者などから大きな関心を集めている。

　SIP「エネルギーキャリア」終了後も、この石炭／NH3の混焼技術の社会実装を目指した取り組みが進んでおり、NEDOの支援も受けて、実際の石炭火力発電所サイトでの長期技術実証の実施などが計画されている。

（5）工業炉

　工業炉で消費されている化石燃料の量についての正確な統計は見当たらないが、製造業における化石燃料の消費量は、化石燃料消費量全体の20％以上を占めることから、かなりの量に達していると考えられる。この工業炉分野でも、NH3の直接利用技術について成果が生まれている。なお、工業炉には、さまざまなサイズ・タイプのものが存在しているので、個々の工業炉への開発成果の適用には、それぞれの用途向けに追加的な技術開発が必要となるだろう。

　工業炉でNH3を燃料として利用する際の課題は、NOxの発生の抑制に加えて、火炎からの輻射伝熱を強化することであった。分子中に炭素（C）

を含まないNH3の燃焼では、ススの燃焼による輻射伝熱効果が得られないからである。

　これらの課題は、大阪大学の研究チームによる10kWのモデル燃焼炉を用いた研究で、NH3専焼及び天然ガス／NH3の混焼（混焼率30％）の両ケースにおいて、酸素富化燃焼による火炎輻射の強化と、火炎温度を均一化するための多段燃焼の組み合わせによって克服できることが明らかにされた。さらに、同様の結果は、工業炉の実用規模に近い100kW級のモデル工業炉を用いた実証研究でも確認された。[27]

　工業炉のひとつ、溶融めっき鋼板製造ラインの前処理プロセスで用いられる脱脂炉については、大陽日酸と日鉄日新製鋼が従来の天然ガス燃料にNH3を混焼（混焼率30％）することにより、炉の伝熱性能、脱脂性能に変化を及ぼすことなくCO_2排出量を30％削減できることを実証した。[28]

（6）アンモニア燃料電池

　燃焼利用以外の形でNH3を直接利用することについても、重要な成果が得られている。NH3の燃料電池の燃料としての利用である。

　燃料電池のなかで、固体酸化物形燃料電池（SOFC）の動作温度は700～1000℃と高温である。一方、NH3は、500℃以上の環境下では水素と窒素（N2）に分解する。そこでSOFCの燃料として水素に代えてNH3を供給し、SOFCを動作させることが考えられた。

　現在、SOFCには、安価で輸送・貯蔵が容易な都市ガスやLPガスが供給されているが、燃料となる水素をこれらのガスから得るため、SOFCにはガスの改質器が付置されている。そして改質器からはCO_2が排出される。そのような問題を解決するために、SOFCに直接、純水素を供給するものも開発されているが、水素の輸送・貯蔵は容易ではない。

　一方、SOFCの高温を利用して内部でNH3から水素を生成すれば、この輸送・貯蔵面での問題は回避できる。また、もちろん改質器も不要となる。このことから、NH3をSOFCの燃料として直接利用できれば、今後、

分散型 CO₂ フリー電源としての役割を期待される SOFC の利便性が大きく向上すると考えられる。こうした狙いで SOFC 向けの NH₃ の直接利用技術開発が行われた。

　この研究開発では、京都大学の研究チームによって、SOFC の燃料として NH₃ を用いた場合でも、燃料に純水素を用いた場合と同等レベルの発電特性（255W の直流発電で効率 53%＜ LHV ＞）が得られることが確認された。[29]そして、この成果を基にノリタケカンパニーリミテドが 1 kW 級スタックを作製し、さらに IHI が 1 kW の NH₃ 燃料 SOFC システムを開発した。[30]IHI は、SIP「エネルギーキャリア」終了後も、SOFC による分散型 CO₂ フリー発電の実現を目指して、より大型の業務用 NH₃ 燃料 SOFC システムの開発に取り組んでいる。

(7)アンモニア直接利用技術開発の成果の意義

　これらの NH₃ 直接利用技術開発の成果の社会的意義について、IEA は「The Future of Hydrogen」の中で高く評価している。そのポイントは、次のようにまとめることができるだろう。

＊ 石炭火力発電用ボイラでの石炭／ NH₃ 混焼技術は、既存の石炭火力発電所からの CO₂ 排出削減の重要な手段となる。

＊ ガスタービン発電分野での NH₃ 直接利用技術は、再エネの大量導入において重要性を増す、調整電源としての火力発電の低炭素化の重要な手段となる。

3.4　アンモニアのエネルギー脱炭素化技術としての意義と社会実装の可能性

　前節までの説明で明らかなように、NH₃ は CO₂ フリー燃料、水素キャリアとしての基本的要件を満たしている。しかし、それが日本のエネルギーシステムの脱炭素化に大きな役割を果たせるかどうかは、この技術の脱

炭素化技術としての適用可能範囲と効果の大きさ、そして社会実装の可能性について評価する必要がある。本節では、これについて見ていく。

3.4.1　エネルギー脱炭素化技術が満たすべき要件

　日本のエネルギーシステムの脱炭素化のためには、第1章で述べたように、電源の脱炭素化、産業分野の熱源の脱炭素化に大きな効果をもたらす技術を手にする必要がある。このことから、筆者は、「エネルギー脱炭素化技術」は以下の要件を満たす必要があると考えている。

①脱炭素化効果のスケール（3.4.2）

　エネルギーシステムの脱炭素化に、量的に意義あるインパクトをもたらすものであること。

②技術の成熟度（3.4.3）

　10〜20年程度のうちに社会実装することができるような成熟度を持つものであること。

③経済性（3.4.4）

　社会実装される際のコストが、現実的に社会が負担し得るレベルのものであること。

④ライフサイクルで見た脱炭素化の効果（3.4.5）

　適用される新たなエネルギーシステムにおいて、エネルギーの採取から使用、廃棄に至るバリューチェーン全体の脱炭素化に寄与するものであること。

　ここで、あえてこのことに言及するのは、しばしばこの技術分野では、こうした評価が十分になされないまま"夢の技術"がマスコミをにぎわし、そこに貴重な研究資源が大量に投入されるような事態が散見されるからだ。なかには、科学的に合理性に欠ける技術提案が"夢の技術"として広く語られるような例すらある[31]。

　ここからは、これらの要件に照らしてNH3の「エネルギー脱炭素化技術」

としての可能性を評価していく。

3.4.2　アンモニア直接利用技術がもたらす効果のスケール

　CO_2フリー燃料、水素キャリアとしてNH_3の利用を可能にしたNH_3の直接利用技術は、日本のエネルギーシステムの脱炭素化にどれほどの効果をもたらすものなのだろうか。

　日本において水素エネルギーが大きな役割を果たすことが期待されるのは、3.1.2で述べたとおり、主として発電分野、そして産業分野である。それは、これらの分野は日本の化石燃料消費量のそれぞれ約45％、25％を占め、CO_2フリー燃料の導入効果が大きいからである。また、これらの分野はNH_3をこれまで長期間にわたり大きな問題なく使用してきた実績があり、NH_3の取り扱い経験が蓄積されている分野でもある。

　ここでは、CO_2排出量が大きい石炭火力発電用ボイラへのCO_2フリーNH_3の導入効果について見ていく。この分野は、さまざまな種類やタイプのある工業炉などと異なり、同様の設備が多いので効果の推計が比較的容易だからである。

　60万kWの石炭火力発電所からは、年間400万t弱のCO_2が排出されている。これにCO_2フリーNH_3を20％（熱量ベース）混焼すると、この規模の発電所で約80万tのCO_2排出が削減される。日本エネルギー経済研究所（エネ研）の調査研究[32]によると、日本国内でNH_3混焼の導入が想定できる石炭火力発電設備は17発電所の21基（出力1680万kW）があるので[33]、仮に、これらの発電設備で20％のNH_3混焼が行われると、年間約2000万tのCO_2の排出（日本の発電分野からのCO_2排出量の約4％）が削減される。石炭火力でのNH_3混焼率は必ずしも20％が技術的限界ではなく、さらに混焼率を高めることができる可能性があるので、その場合には、CO_2排出削減量は一層大きなものとなる。なお、以上は日本国内の状況だけを考えた場合の効果だが、世界では、依然として発電量全体の

約40％（インド、中国では約70％）を石炭火力が担っている。つまり、世界全体では、石炭／ NH3混焼技術のCO2排出削減ポテンシャルは極めて大きなものになる可能性がある。

　さらに、NH3は、ガスタービンの燃料として天然ガス発電からのCO2の排出を削減することができる。SOFC の燃料として CO2フリーの分散型電源に利用することも可能である。これらのCO2の排出削減効果も、かなりの規模のものになると考えられる。加えて、NH3直接利用技術は、国内再エネの導入拡大の際に調整電源となる、火力発電の低炭素化にも寄与できることも忘れてはならないだろう。

3.4.3　CO2フリーアンモニアのバリューチェーンを構成する技術の成熟度

　次に、CO2フリー NH3のバリューチェーンを構成する技術の成熟度を見ていく。なお、ここで「CO2フリー NH3」と書いたのには理由がある。

　NH3の製造法にはいくつかの方法があるが、現在は3.4.4で後述するように、天然ガスなどの化石燃料を原料として用いる方法が最も安価なので、それが標準的な NH3の製造プロセスとなっている。しかし、このプロセスからは、天然ガス由来のCO2が排出されるため、この製造プロセスで製造された NH3は、CO2フリーとはいえないからである。以下では、CO2フリー NH3とするための技術や方策も併せて見ていく。

(1)CO2フリーアンモニアの原料

　CO2フリー NH3のバリューチェーン全体は、図表3-4 のように描くことができる。

　CO2フリー NH3の製造は、「安価な再エネが豊富に賦存し、安価な水素が入手可能な地域」あるいは「天然ガスなどの化石資源の水素源が豊富に賦存し、かつ、化石資源由来のCO2を CCSや CO2を利用した石油増進

回収（EOR）で地下に貯留することのできる地域」で行われることになる。それは、前述の関連資源の賦存状況から見て海外の地域（図3-4の左側）ということになる。

　現在、水素の製造方法としては、天然ガスの改質によって製造するのが一般的に最も安価な方法であるが、この事情は NH_3 の製造の場合も同様である。海外の資源国では、天然ガスを原料とする NH_3 製造コストが安価であること、加えて同プラントで排出される CO_2 の CCS コストが安価であることから、CO_2 フリー NH_3 の製造は、まず、海外でも図3-4の左側上段のような形で進むものと考えられる。

　今後、再エネ電力を用いた水素製造コストが、再エネ電力価格の一層の低下によって安価になると、CO_2 フリー NH_3 の製造は、図3-4の左側下段のように再エネ水素を原料とした製造に移行していくと考えられる。海外では、再エネ電力の価格低下が急速に進んでいることなどから、地域に

図表 3-4　CO_2 フリー NH_3 バリューチェーン

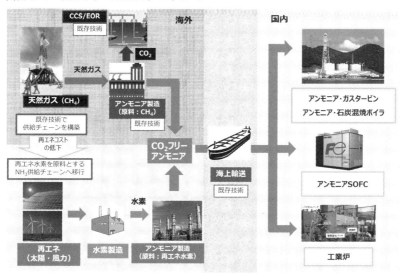

出所：筆者作成

よっては、初めから図3-4の下段のような供給形態のケースがあり得る。

（2）CO₂フリーアンモニアの製造

　NH3は、100年以上前にドイツのフリッツ・ハーバーとカール・ボッシュによって発明された、空気中の窒素（N2）をN源として水素（H2）と合成する、ハーバー・ボッシュ（H-B）法で製造できる。ちなみに、このH-B法は、空気中のN2を原料とすることによって窒素肥料の力を借りた食料増産を可能にし、人類を飢えから救い、人類の歴史を変えたといわれる偉大な発明である。

　現在、NH3の製造は、H-B法を基本プロセスとして利用しながらも、先に述べた事情により、水素の原料として主に天然ガスを用いる（N2は大気中に大量に存在するN2を分離して使用する）プロセスで行われている。[34]

天然ガスを原料とするCO₂フリー NH₃の製造

　現在、標準的なNH3製造法となっている天然ガス（主としてCH4から成る）を原料の水素源とするNH3製造プロセスは、温度450〜550℃、圧力200〜300気圧という高温・高圧の条件で運転され、そのプロセスのなかで（原料の天然ガスのCH4に由来する）CO2が排出される。このプロセスは、長年にわたってエンジニアリング的に磨き上げられ、完成度の極めて高い工業プロセスとなっている。NH3の製造コストも大幅に低減し、プロセスの効率は理論値にほぼ近づいている。このことから、3.4.4（1）で説明するように原料の天然ガスの価格がわかれば、NH3の製造コストもほぼわかる。実際、NH3の製造プラントの競争力は原料の天然ガス価格でほぼ決まるため、現在では安価な天然ガスの入手が容易な地域でのNH3製造が主流を占めるようになっている。なお、中国では石炭を原料として用いている。

　NH3は、主に窒素肥料や他の化学製品の重要な原料となる基礎化学品

として、世界で大量に（年間約1.8億ｔ）生産されている。こうしたこともあり、世界のNH3製造プロセスで消費されるエネルギー量、そしてNH3製造プロセスから排出されるCO2は、それぞれ世界の約1％強を占めるといわれている。しかし、NH3製造プロセスが、エネルギー多消費かつCO2大量排出プロセスであるというのは正しくない。なぜなら、これは原料の水素を天然ガス（や石炭）などの化石資源の改質によって得ているために起きていることだからである。

　この天然ガスを原料とするNH3製造プロセスは、概ね図表3-5に示すように、天然ガスの主成分CH4から水素を製造するパートと、その水素と空気中のN2からH-B法によりNH3を合成するパートから成る。そして、エネルギー消費量の約8割は水素を製造するパートで消費され、CO2の排出も同パートで起きている。以下に記すように、原料水素を別の方法で得る場合（例えば、再エネによる水の電解で原料水素を製造する）では、NH3の製造プロセスから（プロセス動力由来以外の）CO2が排出されることはない。

図表 3-5　天然ガス原料による H-B 法　NH3 製造プロセス図

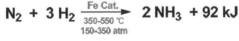

$$N_2 + 3H_2 \xrightarrow[\substack{350\text{-}550\,℃ \\ 150\text{-}350\,atm}]{\text{Fe Cat.}} 2NH_3 + 92\,kJ$$

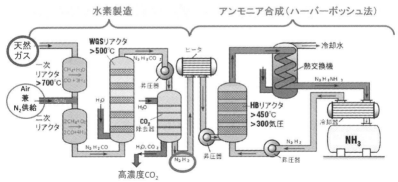

出所：化学工業の歴史３〜化学産業の自立と高度成長の時代〜：化学工業の基礎知識４（化学工学会、SCE・Net 山﨑徹）
https://www.ipros.jp/technote/basic-chemical-industy4/ などを基に筆者作成

この天然ガスを水素源とする NH_3 製造プロセスからは、前述のように
プロセス中で CO_2 が排出されるため、このプロセスで製造した NH_3 を、
燃料または水素エネルギーキャリアとして利用するバリューチェーンは、
ライフサイクル全体で見ると、CO_2 フリーのバリューチェーンとはいえ
ない。この NH_3 を CO_2 フリーとするためには、プロセス中で排出される
CO_2 を取り除く必要がある。その方法としては、プロセスから排出され
る CO_2 を CCS で除去することが考えられる。

　この NH_3 製造プロセスで好都合なことは、排出される CO_2 は高濃度
（約 97%）なので、CCS に要するコストが、一般の燃焼設備からの排ガス
中の CO_2 を CCS で取り除く場合に比べて大幅に安価なことだ。[35] さらに、
EOR を行っている地域では、3.4.4（2）で述べるように、回収され
た CO_2 が資源量の低下した油田の原油回収用の薬剤として有償で売れる
ので、EOR 向けに CO_2 を利用できる場合には、NH_3 の製造コストはさら
に下がる。

　なお、このプロセス由来の高濃度の CO_2 は、これまでは多くの場合、
尿素やメタノールなど、他の化学原料として有効利用されている。

再エネ水素を原料とする CO_2 フリー NH_3 の製造

　世界が脱炭素社会への移行を目指すなかで、今後、NH_3 の製造プロセ
スは化石資源に由来しない水素を原料とするプロセスに移行していくと考
えられる。背景には、再エネを利用した水素の製造コストが一層低下する[36]
とみられること、化石資源と CCS ／ EOR に依存することなく、CO_2 を
排出しないプロセスへ転換することが望ましいという考え方がある。また、
余剰再エネの有効利用（いわゆる P2G: Power to Gas）の手段として NH_3
の利用が視野に入っていることもあるだろう。[37]

　再エネ水素を原料として利用する場合でも、NH_3 の合成には H-B 法の
利用が可能である。世界では、隣接する石油化学品製造プラントで安定的
に生成する副生水素を原料とする大型の NH_3 製造プロセスが、既に建設、

運転されている。[38]なお、この副生水素は、化石資源を原料とする石油化学製品製造プロセスからのものなので、この水素を原料として用いる限り、このプラントで製造されたNH_3は、CO_2フリーNH_3とはいえない。

再エネ由来の水素を出発原料としてNH_3を工業的に製造する場合、天然ガスを原料とするプロセスと異なり、再エネから製造された水素は高温、高圧の状態にはないため、NH_3合成反応及びNH_3の冷却分離に必要とされるエネルギーの一部を外部から投入することが必要となるなど、製造プロセスにおけるエネルギーバランス面での工夫が必要となる。また、再エネ特有のエネルギー量の変動によってもたらされる可能性のある、原料水素の投入量の変動にも対応できるプロセスとする必要もある。

このため、SIP「エネルギーキャリア」では、再エネ水素を原料とする、H-B法による改良NH_3合成プロセスの開発も行われた。比較的低温・低圧、かつ、原料水素供給量が変動する条件下でも活性を発揮する、希土類を担体とした高活性のルテニウム（Ru）触媒を産総研が開発し[39]、これを用いて日揮グローバルがエネルギーバランス的にも比較的優れた、再エネ水素を原料とする改良NH_3合成プロセスを開発した。そして、同プロセスの実証のための小規模のプラントがFREAに建設された。

ところで、この再エネ水素を原料とするNH_3合成プロセスがFREAに建設されたことによって、①既にFREAに設置されていた再エネ水素の製造装置と、②この再エネ水素からのCO_2フリーNH_3製造装置、そして③NH_3専焼ガスタービン、3.3.2（1）参照──がFREAの敷地内でつながり、その結果、この一連のプロセスは、世界で初めてのCO_2フリーNH_3によるCO_2フリーエネルギーバリューチェーン、

①再エネ水素 → ②CO_2フリーNH_3 → ③CO_2フリーNH_3発電
を実証するものとなった。[40]

なお、再エネ水素を原料とするCO_2フリーNH_3の製造については、より低温・低圧条件下でNH_3の合成を可能とする新触媒の開発や、電気化学的手法の利用によるNH_3の合成など、（H-B法に代わる）次世代の革新

的な CO_2 フリー NH_3 製造技術の開発も始まっている。

（3）アンモニアの輸送・貯蔵

　CO_2 フリー NH_3 のバリューチェーンを構築するためには、天然ガス価格と CCS コストが安価な地域、あるいは再エネ水素の安価な地域で製造された CO_2 フリー NH_3 を日本などの需要地に大量に運んでくることが必要となるが、この NH_3 の大量輸送・貯蔵に関しては、技術的な課題はない。前述したように NH_3 は、現在でも世界で年間 1.8 億 t が生産され、年間 1800 万 t が国際間で流通している。NH_3 を輸送するタンカーも既に数多く就航している。さらに、NH_3 は LPG とほぼ同様の条件で液化するので、タンカーを含め既存の LPG の輸送・貯蔵用の設備・施設を転用して使用することも技術的に可能である。

　ただし、NH_3 が発電燃料として使われ始めると、その使用量はこれまでと比べて格段に増える。例えば、60 万 kW の火力発電所 1 基の燃料をすべて NH_3 に変えると（すなわち NH_3 専焼発電）、年間約 125 万 t の NH_3 が必要となるが、これは現在の日本の NH_3 の年間需要量に匹敵する[41]量である。

　このように、CO_2 フリー NH_3 を発電燃料として利用するためには、大きな規模の NH_3 の輸送・貯蔵インフラが必要となるが、仮に発電燃料として CO_2 フリー NH_3 を 300 万 t 輸入する場合には、国際間輸送用の外航[42]タンカー 8 隻、国内配送用の内航タンカー 3 隻程度の運用で輸送可能であることを、エネ研はその調査研究[43]で示している。

　しかし先に述べたとおり、同調査研究によると、NH_3 混焼利用が可能と考えられる既設の石炭火力発電設備は、国内だけでも 21 基存在する。これに加えて NH_3 の混焼利用は、ガスタービン発電でも進む可能性なども考慮すると、発電分野での NH_3 の直接利用を進めていくためには、海外からの CO_2 フリー NH_3 を取り扱うための新たなインフラの整備を段階的に行っていくことが必要となるとだろう。

　一方、CO2フリーNH3の供給源も、再エネ水素価格の低減及び再エネ水素を原料とするCO2フリーNH3の普及の拡大により、前述のとおり、天然ガス原料とCCS／EORの組み合わせから再エネ水素を原料としたものに変わっていくことが考えられるので、バリューチェーンの構築は、こうした状況に合わせて段階的、計画的に進めていくことが必要になると考えられる。

　このように、CO2フリーNH3の製造・輸送・貯蔵、そして利用に至るバリューチェーンの構築は、段階的、計画的な取り組みが必要であるものの、特に解決すべき大きな問題はなく、技術的に構築可能な状況にある。

3.4.4　CO2フリーアンモニアのコスト

　次に、CO2フリーNH3のコストの見通しについて見ていく。

　その結論を先に記すと、CO2フリーNH3は、日本における水素エネルギーの導入・普及に係る政府の戦略、「水素基本戦略」が掲げる2030年の水素コスト目標の30円／Nm3-H2[44]はもとより、「将来」[45]の目標の20円／Nm3-H2に近いコストを、現時点でも既に実現できる可能性を持つことが内外の調査分析結果からわかっている。その詳しい説明は後述するが、この解説で記すCO2フリーNH3のコストの推計値の意味を理解しやすくするため、まず、水素コスト目標に相当する熱量等価のNH3のコストを、NH3の通常の取引単位である＄／t-NH3で示したものを参考として図表

図表 3-6　熱量等価の水素とNH3のコストの対応表（1$＝¥110）

水素コスト	NH₃コスト
20　（円/Nm3-H2）（≒ 2 $/kg-H2） 「水素基本戦略」に掲げられた「将来的（＝2050年）」な目標水素コスト	320　（$/t-NH3）
30　（円/Nm3-H2）（≒ 3 $/kg-H2） 「水素基本戦略」に掲げられた2030年頃の目標水素コスト	480　（$/t-NH3）

出所：筆者作成

3-6 に示しておく。

(1)アンモニアの製造コストの推計方法

　天然ガスを原料とする NH3 の製造プロセスは、100 年以上前にハーバーとボッシュによって実用化されて以降、さまざまな改良が加えられ、工業的生産プロセスとして確立、普及してきたことから、プロセスのエネルギー効率は理論効率に近いレベルにまで高められている。少し古い調査だが、2008 年に International Fertilizer Industry Association が行った世界の 33 カ国に存在する 93 の NH3 製造プラントのエネルギー効率についての調査結果[46]によれば、エネルギー効率上位 10%に入る天然ガスを原料とするプラントの効率は 32GJ ／ t-NH3 で、最新プラントでは、ほぼ理論効率に近いレベルの 28 〜 29GJ ／ t-NH3 にまで到達している。

　こうした事情で原料の天然ガスの価格がわかれば、各製造プラントの大体の NH3 の変動費ベースの製造コストを知ることができる。具体的には、NH3 の変動費ベースの製造コスト（ $ ／ t-NH3）は原料天然ガスのコスト（ $ ／ MMBtu）に約 30 を乗ずるという簡略計算によって推計することができる。例えば、天然ガス価格が 3 $ ／ MMBtu の場合、これを原料とする NH3 の変動費ベースの製造コストは約 90$ ／ t-NH3 になる。実際の製造コストは、これに製造プラントの固定費（プラントの資本費、人件費など）を加算することが必要で、これは、プラントの設備年齢や地域などによって異なるが、平均的に見て大体 100 〜 120 $ ／ t-NH3 と考えておけば、大きな間違いはないだろう。こうしたことから、天然ガスの安価な海外地域で製造された NH3 の船積み前のコストは、200 $ ／ t-NH3 前後と推定される。

　ただし、前述の値は、天然ガスを原料とする NH3 の製造コストなので、３．４．３（２）に記した理由で、それは、CO2 フリー NH3 の製造コストとはいえない。CO2 フリー NH3 の製造コストは、これに CCS ／ EOR によって CO2 を除去するために必要なコストを加算する必要がある。それ

では、CO₂フリー NH₃のコストはどれほどになるのだろうか。

　CO₂フリー NH₃は、まだ実際に流通していないので、以下は机上の計算による推定になるが、内外の公的専門機関がそうした推定を行っている。

（2）CO₂フリーアンモニアのコストの推計

　CO₂フリーの NH₃の製造には、天然ガスを原料とする NH₃製造プラントから排出される CO₂を CCS によって除去する方法と、再エネ水素を原料とする CO₂フリー NH₃の製造との２つの方法があることを３.４.３（２）で説明した。天然ガスを原料とする NH₃製造プラントからは、NH₃の製造１ t 当たり約 1.6 t を少し上回る量の CO₂が排出されるので、前者の方法による CO₂フリー NH₃の製造コストは、この CO₂を CCS によって除去するためのコストを加算する必要がある。

　他方、再エネ水素を原料とする CO₂フリー NH₃の製造コストは、原料となる再エネ水素のコストによって決まるが、その再エネ水素のコストは、水の電気分解によって再エネ水素を製造する際に用いる再エネ電力コストに大きく依存する[47]。

IEA によるコストの推計結果

　IEA は、こうした CO₂フリー NH₃の製造コストの推定結果を図表 3-7[48]のように示している。

　この分析結果から、以下のようなことがわかる。

　天然ガスを原料（価格が３＄／MMBtu の場合：線 BA2）とし、製造プロセスから排出される CO₂を CCS[49]で除去した場合の CO₂フリー NH₃の製造コストは、300 ＄／t-NH₃程度（原料天然ガスの価格が 10 ＄／MMBtu の場合：線 BA1 は 530 ＄／t-NH₃程度）。

　再エネ電力コストが約 50 ＄／MWh より安価になると、再エネ水素を原料とする CO₂フリー NH₃の製造コストが、天然ガスを原料とするものよりも安価になる可能性がある。

図表 3-7 ● IEA による CO₂ フリー NH₃ の製造コストの推定

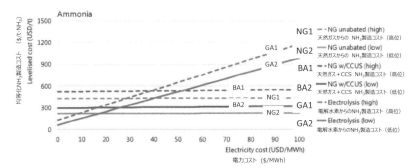

(注)「均等化コスト」には、主要設備のCAPEX、固定的なOPEX、原料コスト、CO2の吸収、輸送、貯留コストを含む。
天然ガスを原料とするNH₃製造は、最高のエネルギー効率のプロセスを想定。
電解設備のCAPEXは 455～894 $/kWe、電解効率は 64～74% (LHV) を想定。
仮定に関する詳細情報は、www.iea.org/hydrogen2019 を参照。

出所：IEA「The Future of Hydrogen」図 42 の関係部分を抜粋

　なお、図表 3-7 から、天然ガスを原料とする（CO₂フリーではない）
NH₃の製造コストは、原料である天然ガスの価格が 3 ＄／ MMBtu の場合、
220 ＄／ t-NH₃程度と推計されていることが読み取れる[50]（線 NG2）。また、
IEA は、NH₃製造プラントで排出される CO₂の CCS のコストを約 50 ＄
／ t-CO₂（これは NH₃のコストを約 80 ＄／ t-NH₃増加させる）と見てい
ることがわかる。[51]

日本エネルギー経済研究所の推計結果

　この IEA の分析とはまったく独立に行われた CO₂フリー NH₃の供給
価格に係る分析結果がある。
　それは、SIP「エネルギーキャリア」の一環でエネ研が行ったもので、
サウジアラビア、そのほかの中東地域、北米地域において、それらの地で
利用可能な天然ガス（3 ＄／ MMBtu を想定）を原料とする年産 110 万 t
の NH₃製造プラントを建設して NH₃を製造し、そこから排出される CO₂

は、CCSまたはEORで除去し、CO_2フリーNH_3として日本に輸出する場合のコストを推定したものである。その推計では、供給サイドでの事業性の確保を前提としたコスト推定とするために、CO_2フリーNH_3の製造コストには自己資本内部収益率（EIRR）10％の収益を乗せている。

　分析の結果、そうした前提条件のもとでも、製造側としては276＄／t-NH_3（サウジアラビアの場合）から300＄／t-NH_3までの間の価格でCO_2フリーNH_3が売れれば、この事業は収益性のある事業として成り立つと推定されている[52]。

EORが利用できる場合

　さらに、NH_3製造プラントの近隣にEORができるような油田が存在する場合には、3.4.3（2）に記したように、プロセス中から排出される濃度の高いCO_2は、石油の増進回収剤としてほぼそのままの形で販売できるため、その収入分が製造コストから控除できる可能性がある。石油の増進回収剤としてのCO_2は、20＄／t-CO_2程度で売れるため、これによって約35＄／t-NH_3程度[53]、CO_2フリーNH_3の製造コストが低減できることになる。なお、前述のエネ研の分析においては、米国からのCO_2フリーNH_3の供給コストを推定する際に、このことが考慮されている。

　このようにEORの利用可能性は、天然ガスを原料とするCO_2フリーNH_3の供給源の選択において、重要な要因のひとつとなる。

（3）日本着のCO2フリーアンモニアのコスト

　日本着のCO_2フリーNH_3のコストは、これらの海外でのNH_3の製造コストに、日本での利用地点までの輸送費などを加える必要がある。そして、そのコストは、前述のエネ研の調査研究によると（積み出し地域、輸送船の規模、積み下ろし回数などによって異なり得るものの）、40〜80＄／t-NH_3程度と推定されている（中東地域→日本：40＄／t-NH_3、北米地域→日本：80＄／t-NH_3、いずれもタンク容積約8万m^3のVLGC

船を想定）。

　結果、この分析においては当面、最も安価な CO2 フリー NH3 は、中東地域の安価な天然ガスと CCS を利用して製造したもので、その日本着のコストは、エネ研の分析では 320 ＄／ t-NH3 程度、先の IEA の CO2 フリー NH3 の製造コストと、このエネ研の輸送コストの推定からは 340 ＄／ t-NH3 程度と推定されることになる。

　このコスト推定の妥当性は、IEA の別の分析（図表 3-8）[54] からも確認できる。図表 3-8 は、豪州、中東地域から日本、及びロシアから欧州連合（EU）に CO2 フリー NH3 の形で水素エネルギーを輸入する場合のコストを IEA が推定し、熱量等価の水素コスト（＄／ kg-H2）で示したもので、ここで図表 3-8 の棒グラフの太枠で囲った部分は、CO2 フリー NH3 を水素に再

図表 3-8　豪州、中東地域から日本、及びロシアから EU に CO2 フリー NH3 の形で水素を輸入する場合の推定コスト（2030 年の推定値）

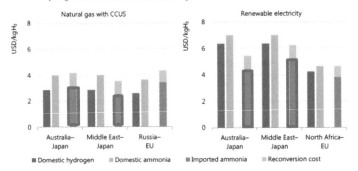

Figure 31.　Comparison of delivered hydrogen costs for domestically produced and imported hydrogen for selected trade routes in 2030

Note: "Domestic" cost is the full cost of hydrogen production and distribution in the importing country (i.e. Japan or the European Union). All costs assume 50 km distribution to a large industrial facility. More information on the assumptions is available at www.iea.org/hydrogen2019.
Source: IEA 2019. All rights reserved.
（注）"Domestic cost"とは、水素製造、輸入国内の配送価格を含むすべてのコスト。利用施設まで50kmの国内配送を仮定。

Hydrogen imports could be cheaper than domestic production for a number of countries, especially if ammonia can be used by the final customer without the need for reconversion back into hydrogen.

多くの国で水素コストは、国内製造よりも海外からの輸入が安価となる。
このことは、特に利用時にNH_3を水素に再転換する必要のない場合は、より顕著な傾向となる。

　出所：IEA「The Future of Hydrogen」の図 31 に枠を加筆

転換する前のコストである。中東地域において、天然ガスを原料として
NH3を製造し、CCSでCO2フリーとしたNH3の日本への輸入コスト（図
表3-8の左図の真ん中のケース）は、水素換算で約2.3＄／kg-H2、これ
を熱量等価のNH3のコストに直すと約360＄／t-NH3（これには日本国
内での50kmの輸送コストを含む）と推定されているが、これは、前述の
エネ研の中東地域からの日本へのCO2フリーNH3の形での水素のコスト
の推定結果とほぼ符合していることがわかる。

　なお、ここで太枠部分の水素に再転換する前のCO2フリーNH3のコス
トを対象に議論しているのは、CO2フリーNH3はそのまま（水素に再転
換することなく）CO2フリー燃料として使えるからだ。

（4）コスト評価の結果

　これらの分析から明らかなことは、次の2つのことである。

①これらの推計からCO2フリーNH3の日本着のコストは、おおよそ350
　＄／t-NH3程度と考えておけばよさそうだということがわかる。実際
　に、日本のユーザーが入手できるCO2フリーNH3の価格は、一義的に
　は事業者間の交渉によって決まるので、前述の個々のコスト推計の数値
　の妥当性を詳細に議論してもあまり意味はないが、ここで大事なことは、
　これらの考察から得られたおおよそ350＄／t-NH3というCO2フリー
　NH3のコスト水準から、CO2フリーNH3の社会実装の可能性を評価す
　ることだろう。

　　この観点から、この350＄／t-NH3というコスト水準は、図表3-6か
　らもわかるとおり、熱量等価の水素コストでは22円／Nm3程度となり、
　政府の「水素基本戦略」が掲げる「将来」（2050年）の水素のコスト目
　標20円／Nm3を現時点で既にほぼ達成していることになる。このこと
　から、CO2フリーNH3は、水素エネルギーとして十分に社会実装でき
　る可能性を持つといえるだろう。なお、この「『将来』の水素のコスト
　目標20円／Nm3を現時点で既にほぼ達成」しているという意味は、も

う少し深く考えてみる必要がある。このことについては、3.7で論じたい。

② 2030年ごろの段階では、天然ガスとCCSの組み合わせによるCO2フリーNH3のコストのほうが、再エネ水素からのものよりもかなり安価と考えられているということがわかる。これは、図表3-8の右図の一番左の棒グラフで、豪州で製造された再エネ水素からのCO2フリーNH3の日本への輸入コストの推定値が約4.4＄／kg-H2（約700＄／t-NH3に相当）と、前者の2倍程度の水準になると推定されていることからわかる。しかし、その後は、再エネ電力コストの一層の低下と関連技術の進展によって、再エネ水素からのNH3の製造コストは長期的には1/2以下に低下し、後者のコスト競争力が大幅に高まるとIEAは見ている。[55]

3.4.5　ライフサイクルでの脱炭素化の効果

最後に「エネルギー脱炭素化技術」が満たすべき第4番目の要件、「ライフサイクルで見た脱炭素化の効果」を見ていく。

以下は、SIP「エネルギーキャリア」の一環として実施され、「International Journal of Hydrogen Energy」に掲載された、CO2フリーNH3を発電燃料として利用する際のバリューチェーン全体のライフサイクルCO2排出量に関するライフサイクルアセスメント（LCA）分析結果に関する論文を基にした評価である。

このLCA分析は、アラブ首長国連邦（UAE）の天然ガスとCCSでCO2フリーNH3を製造し、日本の火力発電所まで輸送、発電燃料として燃焼、排気されるまでのバリューチェーンを対象としたもので、バリューチェーンを構成する個々の技術やプロセスのCO2排出インベントリをもとに、バリューチェーンのライフサイクル全体でのCO2排出量を推計した調査研究である。[56]その結果を図表3-9に示す。

図表3-9の左側のグラフは、ガスタービン発電のライフサイクルCO2

図表 3-9　ライフサイクルでの CO2 排出量 （g-CO2/kWh）

CO₂フリーNH₃：　天然ガスを原料とし、CCSでCO₂フリーとしたもの
プロセスからのCO₂は100%回収
煙道からのCO₂を20%回収　｝⇒パイプラインで輸送し・地下貯留

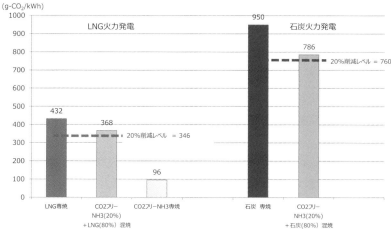

出所：カッコ内の出典にあるデータを基に筆者作成（出典：Akito Ozawa, Yuki Kudoh, Naomi Kitagawa, Ryoji Muramatsu "Life Cycle CO2 emission from power generation using hydrogen energy carriers," 「International Journal of Hydrogen Energy」 44 (2019) 11219-11232 の図 12）

排出量に係る分析で、LNG を燃料とする（通常の）ガスタービン発電（LNG専焼発電）では、 1 kWh 発電する際にバリューチェーン全体で 432 g の CO_2 が排出されることが示されている。一方、ガスタービン発電を前述のサプライチェーンを通じて供給される CO_2 フリー NH3 の専焼で行った場合は、それが 96g-CO2 ／ kWh、LNG に CO_2 フリー NH3 を 20% 混焼した場合は 368g-CO2 ／ kWh になると推計されている。CO_2 フリー NH3 の専焼で CO_2 排出量がゼロにならない、あるいは混焼割合と同じ 20% 減の 346g-CO2 ／ kWh にならない理由は、CO_2 フリー NH3 の輸送・製造の際に必要となるエネルギーの消費に伴って、発電以外の部分で排出される CO_2 があるからである。

　この分析結果から明らかなように、CO_2 フリー NH3 の利用による CO_2 排出削減効果は、そのバリューチェーン全体で見ても明らかである（同様

の結果は、図表3-9の右側の石炭／NH₃混焼発電の場合でも同様。ただし、石炭火力発電では、NH₃専焼というケースはないことに注意）。

　なお、LCA分析については、後述のコラム「将来技術に係るLCA分析の課題」などによる理由で数値の詳細に着目することは適当でないと考えられるが、そういった限界を考慮しても、CO_2フリーNH₃は、バリューチェーン全体の脱炭素化に寄与するものであると評価できるだろう。

3.4.6　エネルギー脱炭素化技術としての CO_2 フリー NH₃

　以上、CO_2フリーNH₃について、筆者が「エネルギー脱炭素化技術」の要件と考える、①脱炭素化効果のスケール、②技術の成熟度、③経済性、④ライフサイクルから見た脱炭素化の効果──の４つの観点から評価してきた。

　この評価から明らかなとおり、CO_2フリーNH₃は、十分に日本のエネルギーシステムのエネルギー脱炭素化技術と位置付けることができるといえる。

COLUMN

将来技術に係る LCA 分析の課題

　LCA分析については、個々の技術やプロセスの排出インベントリの精度に起因する問題のほか、その方法論について、特に将来の技術についての見方について改良の余地があるといわれている。

　その具体的な例を記すと、3.4.5に記した調査研究では、ここに記したほかに、UAEでPVによる電解水素を原料として製造したCO_2フリーNH₃のライフサイクルCO_2排出量も推計しているのだが、それによると、ガスタービン発電で、そのCO_2フリーNH₃を20%混焼した場合のCO_2排出量は412g-CO₂/kWh、石炭火力発電でそのCO_2フリ

－NH3を20％混焼した場合のCO2排出量は846g-CO2/kWhと推計されており、先のケース（天然ガス＋CCSからのCO2フリーNH3を使用した場合）よりも、かなり大きな値となっている。この原因としては、再エネ（PV）水素製造に用いられる太陽光パネル、電解設備の製造、そして、それらの建設・設置に伴って生ずるCO2の排出量などが影響している。

　しかし、この方法論についてはIEAの専門家などからは、以下のような問題点が指摘されている。

　＊これらの設備は、今後、技術進歩によって大幅なコストダウンが起きると予測されている。そして、このコストダウンは、設備機器製造や建設・設置に係る技術革新と合理化によってもたらされるもののはずである。

　＊それにもかかわらず、この推計では、既存技術の排出インベントリの数値を使って排出量を推計している。

　特に、LCA分析により、将来技術の脱炭素化効果を評価する場合には、これらの指摘を踏まえた分析手法などの一層の改良が必要と思われる。

3.5　水素エネルギーキャリアによるサプライチェーンの特徴と比較

　ここまで、水素エネルギーの導入手段としてのNH3の魅力と可能性について説明してきた。

　水素エネルギーキャリアについては、このほかにもいくつかの方法が提案され、水素エネルギーサプライチェーンの構築に向けた取り組みが行われているものがある。本節では、それらの水素エネルギーキャリアについて、それぞれの特徴の整理と比較をしてみる。

3.5.1 水素エネルギーキャリア

2014年から開始されたSIP「エネルギーキャリア」では、水素エネルギーキャリアとして、NH_3のみならず、液化水素、MCHが研究開発の対象として取り上げられた（液化水素については、1993年から政府による研究開発が続けられている）。以下では、まず、それぞれの水素エネルギーキャリア（液化水素、MCH、NH_3）の物性（図表3-10）と、物性に由来する特徴を整理する。

なお、2017年12月に政府によって取りまとめられた「水素基本戦略」では、これらに加えて、CO_2フリーメタン（CH_4）が水素エネルギーの利用手段として取り上げられている。しかし、IEAの「The Future of Hydrogen」では、CO_2フリーCH_4を含む合成炭化水素を検討対象から外している。このCO_2フリーCH_4の説明と、これをIEAが検討対象から外した理由については、本節の最後に記したコラム「CO_2フリーCH_4に

図表3-10 各エネルギーキャリアの物性値（図表3-1再掲）

	水素含有率（重量%）	水素密度（kg-H_2/m³）	沸点（℃）	水素放出エンタルピー変化*（kJ/molH_2）	その他の特性**
液化アンモニア	17.8	121	-33.4	30.6	急性毒性、腐食性
有機ハイドライド（MCH：メチルシクロヘキサン）	6.16	47.3	101	67.5	引火性、刺激性
液化水素	100	70.8	-253	0.899	強引火性、強可燃性、爆発性

*：MCH： トルエン（C_7H_8）（分子量92）とMCH（C_7H_{14}）（分子量98）の水素分子の差により水素を運ぶ

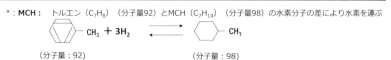

（分子量：92）　　　　　　　　　　（分子量：98）

* 　水素放出エンタルピー変化： 水素を取り出す際に必要となるエネルギー。

** 　「その他の特性」の記載事項は、MSDSの「危険有害性情報」のサマリーから引用。各物質の正確な特性については、それぞれの物質のMSDSを参照のこと。

出所：筆者作成

ついて」を参照されたい。

(1) 液化水素

　液化水素は、水素には違いないので、液化水素をエネルギーキャリアということに違和感を持たれるかもしれない。しかし、水素自体は、常温常圧では体積エネルギー密度がとても小さいガス状の物質であり、そのままの形で輸送・貯蔵するには適していない。そこで、水素を液化して、水素のエネルギー密度を上げて輸送するという方法が考えられた。液化水素も水素エネルギーを取り扱いやすくする手段のひとつであることから、エネルギーキャリアとして扱われている。

　水素は、常温ではいくら圧力をかけても液化しない。水素の体積密度は $0℃$、1気圧で $0.09kg／m^3$ ほどで、700気圧の高圧下では、体積密度は460倍ほどの $42kg／m^3$ に高まるが[57]、この高圧下でも液体にはならない。水素を液化するためには、マイナス $253℃$（絶対温度20度）という極低温まで冷却する必要がある。液体にすることによって水素の体積は、常温常圧時の体積の $1/800$ となり、水素の体積密度は $70.8kg／m^3$ に高まる。また、体積当たりの燃焼熱もガソリンの約 $1/4$ まで高まる。なお、このマイナス $253℃$ という超低温下では、ヘリウム以外のガスはすべて固化するため、液化水素の製造プロセスのなかで不純物は除去され、液化水素は超高純度の水素となる。

　液化水素を水素エネルギーキャリアとして利用する際には、水素がマイナス $253℃$ という極低温のもとでしか液化しない、水素の本来的性質に起因する問題の克服が主な課題となる。

　その課題のひとつは、液化にエネルギーを要することである。水素の液化には、最低でも $3.9kWh／kg\text{-}H_2$ のエネルギーを要する（水素の理論液化仕事量）。これは水素の持つエネルギー量（$33.6kWh／kg\text{-}H_2$）の約10％に相当する。しかし、現状では液化に $13.6kWh／kg\text{-}H_2$ のエネルギーを要しているため、2022年度までにこれを $6.0kWh／kg\text{-}H_2$ まで低下（現

状の液化効率を 24％から 54％まで向上）させるとの目標が「水素・燃料電池戦略ロードマップ[58]」のアクションプランで掲げられ、開発が進められている。一方、2018 年 11 月から物質・材料研究機構では、現状の気体冷凍技術による水素液化技術には圧縮機や液化方法に原理的な非効率性があるとの考えから、原理的に高い冷凍効率が期待できる磁気冷凍法を用いた、①液化効率 50％以上、液化量 100kg/ 日以上を実現する中・大型高効率水素液化機、②液化水素ゼロボイルオフを目指した小型・省電力な冷凍機の開発——を開始している。

　もうひとつの課題は、液化水素が極低温であることによって起きる自然入熱によるボイルオフの問題である。この問題に関しては、これまでの技術開発努力によって、タンクでの保管中のボイルオフ量は 1 日当たり 0.1％のレベルを目指せるようになったといわれている。それでも輸送・貯蔵中及び輸送・貯蔵施設への受け入れ、払い出し時に液化水素のロスが発生する。なお、これに関しては、液化水素輸送船で長距離輸送中に蒸発する水素を、船の燃料として活用するというアイデアも出されているが、実用化には至っていない。

　このほかに、液化水素の取り扱いに当たっては、爆発しやすい、金属を脆化するなどの水素自体が持つ取り扱いの難しさを克服するための対策（輸送・貯蔵容器に特殊合金や炭素繊維強化樹脂などの使用することなど）に加え、極低温の液化水素を取り扱うための高度な断熱技術、ボイルオフ対策などの特別な設備、機器や技術が必要となる。

　このため、FCV 燃料向け程度の規模の液化水素の国内輸送手段は既に実用化されているが、発電用に海外から大量の液化水素を導入するには、極低温の液化水素用の新たなインフラ（ローディンアームやタンク、ポンプなど）を、液化水素専用の輸送船を含めて開発・整備することが必要となる。

　海外からの大量の液化水素のサプライチェーンの構築については、豪州に大量に賦存する安価な未利用褐炭を原料として、そのガス化、改質によ

る水素製造とCCSを組み合わせることによりCO$_2$フリー水素を生産し、それを液化水素にして専用の水素輸送船で日本に運び、発電燃料、FCV燃料などに用いるという構想の実現を目指した取り組みが行われている。

　この構想の実現に向けて、現在、川崎重工業を中心に岩谷産業、シェルジャパン、電源開発などから成るCO$_2$フリー水素サプライチェーン推進機構（HySTRA）が、NEDO及び豪州連邦政府、ビクトリア州政府の支援を受け、以下のような水素の供給、利用チェーンの実証に取り組んでいる。

* 豪州で褐炭のガス化、改質により1日当たり2 tのCO$_2$フリー水素を生産。
* 容積約1250m^{3}の液化水素輸送船（真空断熱二重殻構造の海上輸送用液化水素タンクを搭載）の建造と2500m^{3}の液化水素貯蔵タンク、液化水素のローディング（荷揚げ）設備を含む液化水素荷揚げ基地を建設することによって75 tの水素を日本に輸送。
* 日本では、1000kW級の水素コージェネレーション・システム（燃焼器は燃焼器中に水蒸気を噴霧するウェット方式）による1100kWの発電と2800kW相当の熱エネルギー供給を水素燃料により行う。

　なお、この実証事業のなかでは、褐炭のガス化の際に生成するCO$_2$のCCSによる貯留は行わないので、この水素は、CO$_2$フリー水素ではないが、将来的にはCCSを利用したCO$_2$フリー化が行われる計画といわれている。

（2）メチルシクロヘキサン

　MCH（C$_7$H$_{14}$）とトルエン（C$_7$H$_8$）という2つの物質間の水素の数の差を利用して水素を運ぶというのが、MCHを水素キャリアとして用いる背景にあるアイデアである。図表3-11のとおり、トルエンを水素化することによって水素を環状飽和炭化水素化合物であるMCHとして固定し、利用する際にはMCHから脱水素反応によって水素を取り出す。脱水素のあと、生成するトルエンは回収、リサイクルして再使用する。ここでは

MCH は文字どおり、水素を運ぶ「水素キャリア」としての役割を果たす。

　MCH だけでなく、環状飽和炭化水素化合物の水素化と脱水素によって水素を運ぶというアイデアは「有機ハイドライド法」と呼ばれ、このアイデア自体は、1980 年代から知られていたが、脱水素反応に用いる触媒の劣化が激しく、実用化が困難であった。最近になって千代田化工建設が触媒の長寿命化に成功し、工業化にめどをつけたことから、有機ハイドライド法のなかでも MCH- トルエン系の実用化に向けた取り組みが加速した。

　この系の大きな特長は、MCH もトルエンも常温・常圧で液体の物質なので、水素の持つエネルギーを常温・常圧で水素の約 1/500 の体積の液体として輸送できることである。さらに MCH もトルエンも、その輸送・貯蔵には既存のガソリンの流通インフラを利用することが可能である。例えば、商業化されている 5 万 t のケミカルタンカーで MCH を運べば、1 回に約 3000 t の水素が輸送できる。ただし、この系では、MCH とトルエンの 2 つの物質が行き来するため、輸送時に輸送船は共用するものの、貯蔵施設は MCH とトルエンの 2 系列の施設が必要となる。

　この系の問題は、MCH から水素を取り出す際の脱水素反応が吸熱反応

図表 3-11　MCH による水素エネルギーの輸送

MCH： トルエン（C_7H_8）（分子量92）とMCH（C_7H_{14}）（分子量98）
の水素分子の差により水素を運ぶ

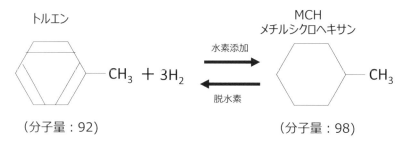

出所：筆者作成

であるため、この反応により水素を得るためには、MCH が水素の形で運ぶことのできる熱量の最低でも 28％に当たるエネルギーが必要となるということと、約 350℃の熱源が必要ということである。この問題を克服するため、他のプロセスから発生する熱源との組み合わせや熱マネジメントにより、この問題から生じる制約を軽減するためのさまざまな工夫が行われている。

　また、この系では、分子量 98 の MCH と 92 のトルエンを用いて 3 つの水素分子（分子量 6 ）を運ぶので、水素を 1 kg 運ぶために約 16kg または 21 L の MCH を運搬することが必要となる。このため、先の MCH とトルエンの 2 つの系列の貯蔵施設が必要ということと併せて、この系による水素エネルギーの輸送・貯蔵では必要とされるインフラの規模が大きくなる。例えば、設備容量が 100 万 kW の発電所に必要な MCH 量は年間約 700 万 kL となり、これだけの MCH と（脱水素後に生成する）トルエンをハンドリングするためには、小さな備蓄基地（約 160 万 kL の規模）ほどのタンクヤードが必要となる。

　また、MCH、トルエンともにガソリンと同様、可燃性物質であり、また、トルエンは急性毒性を有するため「毒物及び劇物取締法」の「劇物」に指定されているため、適切な取り扱いが必要となる。

　この系については、「水素・燃料電池戦略ロードマップ」では、MCH の脱水素プロセスで生成するトルエン以外の分解生成物を低減することが今後の技術的な課題として挙げられている。現状は、こうした分解生成物がトルエン量の約 1.4％（推計値）生成すると報告されているが、こうした不純物は「トルエン⇔ MCH 」のサイクルを繰り返すなかで蓄積していくため、この管理が必要となっている。現在、分解生成物の低減を目指した新たな触媒の開発が進められている。

　MCH による水素のサプライチェーンの構築実証も NEDO の支援を得て進められている。具体的には、千代田化工建設が実証事業の中心的な役割を担い、以下のようなサプライチェーンの実証が行われている。

＊ ブルネイの天然ガス液化プラントのプロセスで発生するガスの供給を
　　受け、水蒸気改質により水素を製造し、ブルネイの現地でトルエンを水
　　素化して MCH を製造。
　　＊ 12 カ月間の間に合計 210 t の水素に相当する MCH をケミカルコンテ
　　ナで日本に輸送し、日本で MCH を脱水素したあと、その水素を水素混
　　焼発電に用いる。
というものである。[59] なお、この実証事業で輸送される水素は CO_2 フリー
水素ではない。

（3）液化水素、メチルシクロヘキサンの利用

　液化水素も MCH も利用の際には水素として利用される。液化水素は気
化、MCH は脱水素のプロセスを経て水素に再転換されるが、その際、い
ずれのケースでもエネルギーを要する。[60]

①FCV の燃料としての利用

　液化水素は、液化水素の製造プロセスのなかで不純物は除去されて超高
純度の水素となるため、水素ステーションにおいて再圧縮・蓄圧・プレク
ールなどは必要であるものの精製する必要はなく、FCV の燃料として供
給することが可能である。

　他方、MCH の脱水素によって取り出される水素には、若干の不純物が
含まれるので、水素の純度に関する要求水準が高い用途、特に FCV の燃
料向けには、生成した水素を圧力変動吸着法（PSA）などによって精製す
る必要がある。

②発電用燃料としての利用

　水素は、「着火速度が極めて早いために逆火などの不安定な燃焼状態が
起きやすい」「燃焼時には極めて高温となる」などの燃焼特性を有する。
このため、天然ガス／水素混焼ガスタービン（熱量ベースで水素混焼率
約 10%、体積ベースでは約 30%）のものは既に開発、実証されていたが、
水素専焼のガスタービンは、これまでは燃焼器内に水蒸気を噴霧すること

（ウェット方式）などによって温度と燃焼速度を下げ、これらの問題を緩和した方式によっていた。

　しかし、その方式では、発電効率が下がり、燃料コストの増加を招くため、水蒸気を燃焼器中に噴霧することなく燃焼不安定性の制御を可能とする燃焼器の開発（ドライ燃焼方式）と、高温燃焼環境下で多量に発生する窒素酸化物（NOx）の低減などを目指した高効率燃焼技術の開発が川崎重工業と三菱パワーによって進められ、現在は、実証機による実証試験が行われている段階にある。

（4）アンモニア

　3.2で記したとおり、NH3は、CO2フリー燃料として直接、燃料としての利用が可能であり、このことは、NH3の非常に大きなメリットなのだが、もちろん水素のキャリアとしても利用することが可能である。ここでは、水素キャリアとしてのNH3の特徴について説明する。

　NH3は、熱エネルギーを投入することによって水素と窒素に分解する。この分解プロセスは、500℃の高温環境下で、NH3が運べる水素エネルギーの約13％（理論値）が必要となる吸熱反応である。

　NH3の分解によって得られる水素には、不純物が含まれるので、水素の純度に関する要求水準が高い用途向けには、生成した水素をPSAなどによって精製する必要がある。

　このようにNH3の分解により水素を取り出して利用する方法は、そのための追加コストがかかる。しかし、水素を長距離輸送する場合には、NH3で輸送する場合よりも輸送コストがかかるため、NH3を水素キャリアとして用いるほうが輸送距離や輸送量などによってはコスト的に安価となり、分解コストを考えても合理的な場合があると考えられる。この点については3.5.4で述べる。

（5）水素エネルギーキャリアの安全性

　これらの水素エネルギーキャリアは、図表3-10の「その他の特性」の欄に記したとおり、いずれの物質も引火性・爆発性・急性毒性など、有害性の側面はそれぞれ異なるものの、物質としては比較的強い有害性を有している。人や環境に対する悪影響を防止するためには、それぞれの物質の有害性に応じて適切なリスク管理対策が取られる必要があり、必要なリスク管理対策が取られることによって安全に使用できる。こうした事情は、私たちが日常使っているガソリンや都市ガスなどの化石燃料に関しても本質的には同様である。

　以上で述べてきた液化水素、MCH、NH3の物性に由来する主な特徴を次頁のとおり図表3-12に整理した。

図表 3-12　各エネルギーキャリアの物性に由来する特徴

	水素密度	物性等に起因する重要事項	必要なインフラ	発電燃料としての特徴
液化水素	体積：70.8kg/m³ 重量：100% ・-253℃まで冷却することにより気体水素の1/800の容積で同重量の水素の輸送・貯蔵が可能	・液化のために、水素の有するエネルギーの30%以上のエネルギーが必要（現状）。（目標：20%程度） ・-253℃の極低温での取扱いが必要。 ・ボイルオフによる損失対策が必要。	液化水素用の新規インフラが必要	・水素の燃焼速度が速く、火炎のコントロールが困難、燃焼温度が高い（サーマルNO_xの発生）等の課題があり、水素専焼タービンは開発中。 ・水素混焼タービン（熱量ベースで10%の混焼）は開発・実証済み。
MCH	体積：47.3kg/m³ 重量：6.2% ・常温で液体。気体水素の1/500の容積で、同重量の水素の輸送・貯蔵が可能	・常温で液体。 ・MCHからの脱水素のために、MCHが運べる水素エネルギーの約30%のエネルギーが必要。脱水素後のトルエン中の不純物の低減が必要。 ・MCHで運べる水素の重量/体積密度が小さいため、インフラの規模は大きい。MCHとトルエンの貯蔵が必要。 ・トルエンは「劇物」。	ガソリンのインフラの利用が可能	・水素として使うので、上記「液化水素」と同じ。
液化アンモニア	体積：121kg/m³ 重量：17.8% ・-33℃又は8.5atm（LPGと（ほぼ同じ）で 1/1,350(-33℃) or 1/1,200(8.5atm) の容積でNH_3で同重量の水素の輸送・貯蔵が可能	・常温では気体。-33℃又は8.5atmで液化。 ・「劇物」。急性毒性。刺激臭がある。 ・NH_3のまま直接、燃料として利用可能。 ・脱水素する場合には、脱水素にエネルギーが必要。NH_3の運べる水素エネルギーの約13%のエネルギーが必要。	NH_3の輸送・貯蔵インフラが存在 LPGと同様のインフラ技術の利用も可能	・小型ガスタービンは専焼が可能。 ・中型ガスタービンでの混焼が可能。（20%（熱量ベース）） ・石炭ボイラーでの混焼が可能。（20%（熱量ベース）） ・大型ガスタービン向けのCCGT排熱利用NH_3クラッキング装置を開発中。（開発・実証済みの水素混焼タービンを利用）

出所：筆者作成

3.5.2 水素エネルギーキャリアによるサプライチェーン

　ここからは、これらの水素エネルギーキャリアを利用した場合の水素エネルギーのサプライチェーンの姿について、それぞれの特徴を比較していく。3.4.1の「エネルギー脱炭素化技術」が満たすべき要件、すなわち（1）脱炭素化効果のスケール、（2）技術の成熟度、（3）経済性、（4）ライフサイクルで見た脱炭素化の効果——に沿って検討を進める。

(1) サプライチェーンの規模と脱炭素化効果のスケール

　いずれの水素エネルギーキャリアも、原理的には、それらを利用した水素エネルギーの導入可能量の制約はないが、現実的には、導入に当たって構築が必要となるサプライチェーンの規模が、脱炭素化効果のスケールの制約要因となる可能性がある。この規模を、それぞれの水素エネルギーキャリアについて見たものが図表3-13である。これは、60万kWの水素またはNH3専焼発電所で必要となる水素またはNH3燃料の量を扱うための所要設備規模を、現存する設備・技術の規模と比較する形で見たものである。一般的にいって、水素エネルギーのエネルギー密度は、化石燃料に比べて小さいので、サプライチェーンに必要となる技術や設備の規模が大きくなる。水素またはNH3燃料に必要となる設備規模と現存する設備・技術の規模の差を埋めるためには、単なる設備のスケールアップで済む場合もあるが、設備を構成する要素技術によっては、新たなプロセスや新材料の開発が必要となる場合がある。

　ガソリン用のインフラが使えるMCH（及びトルエン）に関しては、輸送・貯蔵インフラに係る技術面での課題はないが、MCHによる水素エネルギーのサプライチェーンを構築するためには、先に述べた理由で設備の規模が大きくなり、また、MCHとトルエンの2系列の設備が必要（輸送船は兼用が可能）となる。水素エネルギーキャリアのなかでは体積水素密度の大きなNH3であっても、そのエネルギー密度は化石燃料のそれに比べて

図表3-13　供給チェーンの構築に必要となるインフラ規模のスケールアップ（試算）
（水素エネルギー専焼発電所（60万kW一基）に必要となる供給量を前提とした比較）

◆（仮想の）水素エネルギー専焼発電所（60万kW）一基で、年間で必要となる水素相当量：

水素エネルギー量　＝ 325万Nm³-H₂　（＝23万t-H₂）
液化（液体）NH₃量　＝ 183万Nm³-NH₃　（＝125万t-NH₃）
（発電効率：60%、稼働率：80%と仮定）

60万kW専焼発電所での年間所要量（＝水素25億Nm³）に当する各キャリア量		液化(LH₂) 水素化(MCH) 製造(NH₃)	貯蔵（陸地タンク：海外）	海上輸送（タンカー）	貯蔵（陸地タンク：国内）	脱水素
液化水素 （23万t）*1 （3.3百万m³）	必要設備規模	50t/日/基 x 16基	46,000m³ x 4基 （タンカー1隻＋2日生産分）	160,000m³級/隻 x 2隻 の液水専用船	【真空断熱タンク】 50,100m³/基 x 6基 （発電所使用量36日分）	不要
	現存設備規模	5t/日/基	3,200m³（充填量） （NASA：世界最大規模）	1,250m³/隻 の液水 専用船を建造中	・540m³（32t）/基 （国内最大：種子島） ・2,500m³（150t）建設中	不要
MCH （362万t） （4.7百万m³）	必要設備規模	60万MCH/年 x 7系列	・MCH： 69,000m³/基 x 2基 （2日分+1輸送分） ・トルエン： 95,000m³/基 x 1基 （1輸送分）	・91,000m³/隻 x 8隻のケミカル タンカーが必要 （10サイクル/年）	・MCH： 94,000m³/基 x 8基 （36日分+1輸送分） ・トルエン： 98,000m³x 1基 （1輸送分）	140万t- MCH/年 x 3系列
	現存設備規模	584t-MCH/年	石油貯蔵用のタンク （115,000~130,000m³/基） の利用が可能	・58,000~91,000m³ のケミカルタンカー が存在	石油貯蔵用のタンク （115,000~130,000m³/基）の 利用が可能	584 t-MCH/年
アンモニア （125万t）*2 （1.8百万m³）	必要設備規模	2,000t-NH₃/日 x 2系列	56,700m³ 38,000t級/基x1基 （2日分+1輸送分）	・38,000m³級/隻 x 6隻 （10サイクル/年）	81,100m³（5.5万t）/基 x 4基 （36日分+1輸送分）	―
	現存設備	2,000t-NH₃/日 （標準船サイズ）	40,000t/基	・40,000m³/隻 （=32,000トン/隻） （標準船型）	22,000m³（15,000t）/基 （国内現存最大タンク）	―

*1：-253℃　1気圧　（液体状態の体積）
*2：-33℃　1気圧　（液体状態の体積）

（出所）SIP「エネルギーキャリア」での収集資料（文献、関係者へのヒアリング資料）をもとに筆者が作成

出所：筆者作成

小さいので、発電用途などのような多量にエネルギー投入が必要となる分野の需要に応えるためには、インフラの拡充が必要となる。

　他方、液化水素のサプライチェーンの構築には、液化設備、液化水素輸送船、貯蔵タンクに係る技術の大幅なスケールアップが必要であり、そのための技術や材料の開発も引き続き必要である（次の（2）を参照）。また、液化水素のサプライチェーンを構築するためには、新規に輸送・貯蔵インフラを建設・建造することが必要となる。

(2)サプライチェーンを構成する技術の成熟度

　各水素エネルギーキャリアのサプライチェーンの構築に向けて解決する必要のある技術課題とその内容を、それぞれ図表3-14及び図表3-15に示す。ここに挙げた技術課題は、「水素・燃料電池戦略ロードマップ」中の「ロードマップ」「アクションプラン」において示されているものである。

　液化水素チェーンのサプライチェーンの構築に必要となる輸送・貯蔵技術は、図表3-14及び図表3-15のとおり、現段階では実用のスケールのレベルには達していない。「水素基本戦略」では、「2030年頃の商用化に向けて、2020年初頭までに大容量の輸送・荷役・貯蔵技術の確立と受入設備の整備を進める」とされている。

　MCHチェーンは、MCHを脱水素するプロセスでの水素とトルエン以外の不純物の低減を図ることが一部、技術課題として残っているが、サプライチェーンを構築するための技術はほぼ存在している。「水素基本戦略」では、「2025年以降、（中略）商用サプライチェーンの構築に向け、商用化の計画、建設開始を目指す」とされている。

　NH3チェーンは、3．3．2（3）に記したように、数十万kWクラスの大型ガスタービンでのNH3混焼利用技術開発には、もうしばらく時間を要するものの、同チェーンを構成するその他の輸送技術、利用技術は成熟度の高い状況にある。「水素基本戦略」では、「2020年代半ばまでのCO2フリーNH3の導入・利用開始を目指す」とされている。

図表 3-14　エネルギーキャリア　サプライチェーンの技術課題

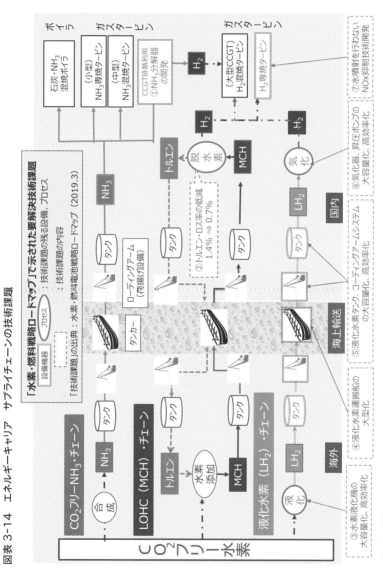

出所：筆者作成

図表 3-15　エネルギーキャリア　サプライチェーンの技術課題の内容
（表中の○番号は図表 3-14 中の○番号に対応）

(表中の○番号は、【図3-14】中の○番号に対応)

サプライチェーンの技術課題の項目	課題の内容	備考
CO₂フリーNH₃チェーン		
①大型コンバインドサイクルガスタービン（CCGT）排熱利用NH₃分解器	・CCGTの排熱の利用により、NH₃を分解し、生成したH₂をタービンに燃料供給する装置の開発。	・大型CCGT領域では、H₂混焼GTが開発済みであること、輸送が容易なCO₂フリーNH₃からCCGTの排熱を利用してCO₂フリーH₂が生成できることから、この方式が追求されている。
LOHC（MCH）チェーン		
②トルエン・ロス率	・MCHの脱水素プロセスでトルエンとともに生成する不純物を低減する。	・（現状）トルエン・ロス率　1.4%
液化水素（LH₂）チェーン		
③水素液化機	・水素液化機の大型化	・5t-H₂/日（現状）⇒ 50t-H₂/日程度
	・水素液化エネルギー効率の改善	・13.6kWh/kg-H₂（現状）⇒ 6.0kWh/kg-H₂ ・液化効率 24%（現状）⇒ 54%
④液化水素運搬船	・液化水素運搬船の大型化	・1,250m³（建造中）
⑤液化水素タンク、ローディングアームシステム	・タンクの大型化	・2,500m³（建設中）⇒ 80,000m³程度
	・ローディングアームシステムの大容量化	
⑥気化器、昇圧ポンプ	・大容量化、高効率化	
⑦水素専焼タービン	・水噴射を行わないNOₓ抑制技術開発	・水噴射による発電効率の低下を避けるためのドライ燃焼器の開発。

出所：「水素・燃料電池戦略ロードマップ」（2019年3月）のアクションプランの目標を基に筆者作成

（3）水素エネルギー導入コスト

　次に、これらのエネルギーキャリアを用いて水素エネルギーを日本に導入する際のコストの比較について見ていく。なお、これらコスト比較分析には、本項の最後で述べるような比較障害の問題があること、いずれも机上の分析であることなどに留意する必要がある。

IEAによるコスト比較

　まず、IEAが「The Future of Hydrogen」で示した結果を図表3-16に示す。なお、図中の「LOHC」（液体有機水素キャリア）はMCHを意味している。

【図表3-16の説明】

＊ 再エネ水素が日本のユーザーに届くまでにどれほどのコストを要するかを分析している（いずれも水素1kg当たりのコスト）。

＊ 左側の2つの棒グラフは、再エネ水素を日本国内で製造して日本のユ

図表 3-16 豪州からの再エネ水素の輸入コスト（水素キャリアの種類別輸送コストの比較）

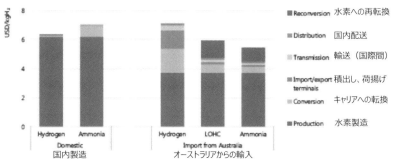

Figure 30. Cost of delivering hydrogen or ammonia produced via electrolysis from Australia to an industrial customer in Japan in 2030

Notes: Assumes distribution of 100 tpd in a pipeline to an end-use site 50 km from the receiving terminal. Storage costs are included in the cost of import and export terminals. More information on the assumptions is available at www.iea.org/hydrogen2019.
Source: IEA analysis based on IAE (2019), "Economical Evaluation and Characteristic Analyses for Energy Carrier Systems" and Reuß (2017), "Seasonal storage and alternative carriers: A flexible hydrogen supply chain model". All rights reserved.

The cost of transport from Australia to Japan could represent between 30% and 45% of the full cost of hydrogen; yet imports of electrolytic hydrogen could still be cheaper than domestic production.

出所：IEA「The Future of Hydrogen」の図 30

ーザーまで輸送する場合のコスト。日本の再エネコストは高いので、国内で製造される水素コストは高い。さらに、この水素を NH3 に転換して輸送すると、その転換のためのコストがかかるので、NH3 で輸送するほうが（当然に）コストは高い。

* 一方、右側の３つの棒グラフは、豪州の安価な再エネを用いて製造した水素を、３つの異なる水素キャリアで日本のユーザーに届ける場合のコストの比較を示している。

* キャリアの種類によって、キャリアへの転換コスト（水素→液化水素、水素→ LOHC、水素→ NH3）、海上輸送のコスト、荷揚げ／荷下ろしのコスト、水素への再転換のコスト（液化水素の場合は不要）が異なるので、日本のユーザーに届くまでにサプライチェーン全体で発生するコストは、キャリアによって異なる。

* しかし、水素を LOHC または NH3 を水素キャリアとして輸送した場

合には、豪州の再エネ水素を輸入するほうが、国内の再エネ水素を用いるよりコストが安い（左側の棒グラフとの比較）。

* その場合、水素キャリア別に見ると、NH_3 を水素キャリアとして用いた場合、ユーザーに届くまでに要するコストが最も安価。

* NH_3 は、発電燃料として用いる場合、NH_3 を CO_2 フリー燃料として直接用いることができるので、図の"水素の再転換コスト"の部分のコストが不要となる。それにより、再エネ水素を NH_3 の形で運び利用する方法の優位性はさらに高まる。

SIP「エネルギーキャリア」のコスト比較

次に、SIP「エネルギーキャリア」の研究の一環として、IEA のコスト分析とは独立に行われたコスト比較の分析結果を次に示す。なお、SIP「エネルギーキャリア」では、中東地域の天然ガスを原料として用いるケースについて検討している。図表3-17 は、天然ガスの改質と、そこで排出される CO_2 を CCS することにより、CO_2 フリーとした水素を製造し、その CO_2 フリー水素を3つのエネルギーキャリアを用いて日本に運んでくる場合の、日本のユーザー着の水素コスト（円／Nm^3-H_2）を比較したものである（ケース⑤のみ少し異なるが、その説明は以下で行う）。

【図表3-17 の説明】

* 棒グラフの①〜③は、中東で 3.8 ＄／MMBtu の天然ガスを改質し、同プロセスで排出される CO_2 を CCS で除去することによって製造された CO_2 フリー水素を、それぞれのキャリアを使って日本のユーザーまで輸送し、水素として利用する際のユーザー着の水素コスト。なお、「NEDO」とあるのは、NEDO が先行研究で行った試算結果。

* このうち③は、CO_2 フリー水素を、NH_3 をキャリアとして用いて日本に運ぶケース。この CO_2 フリー NH_3（ケース③）は、水素を取り出すことなく直接、発電燃料に使えるため、そのコストは「脱水素精製」部分が不要となり、④となる。

図表 3-17　エネルギーキャリア別、水素コスト比較（単位水素あたりのコスト）

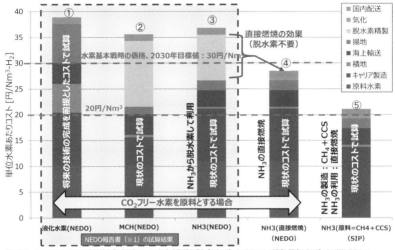

凡例：
- ■ 国内配送
- ■ 気化
- ▨ 脱水素精製
- □ 揚地
- ▨ 海上輸送
- ▨ 積地
- ■ キャリア製造
- ■ 原料水素

（グラフ内記述）

水素基本戦略の価格、2030年目標値：30円/Nm³

直接燃焼の効果（脱水素不要）

20円/Nm³

将来の技術の完成を前提としたコストで試算 ①

現状のコストで試算 ②

NH₃から脱水素として利用

現状のコストで試算 ③

CO₂フリー水素を原料とする場合

NH₃の直接燃焼

現状のコストで試算 ④

NH₃の製造：CH₄＋CCS
NH₃の利用：直接燃焼

現状のコストで試算 ⑤

横軸ラベル：
- 液化水素（NEDO）
- MCH（NEDO）
- NH3（NEDO）
- NH3（直接燃焼）（NEDO）
- NH3（原料＝CH4＋CCS）（SIP）

NEDO報告書（※1）の試算結果

縦軸：単位水素あたりのコスト [円/Nm³-H₂]

（※1）①～③については、NEDO成果報告書（平成26～27年度成果報告書）「エネルギーキャリアシステム調査・研究エネルギーキャリアシステムの経済性評価と特性解析」による。④は、③から脱水素精製コストを減じ、熱量当量の水素価格換算したもの。
（※2）⑤については、上記のNEDOの検討条件に準拠し、SIP「エネルギーキャリア」にて試算。

出所：SIP「エネルギーキャリア」などで行った試算を基に筆者作成

* ⑤は、①～④と異なり CO_2 フリー水素からではなく、現状 NH_3 の標準的製造方法となっている天然ガスを原料として NH_3 を製造し、プロセス中で排出される CO_2 を CCS で除去した CO_2 フリー NH_3 を発電燃料として日本のユーザーで利用する場合の、ユーザー着のコスト（水素等価コストに換算）である。なお、NH_3 の原料に用いた天然ガスの価格は、①～④の CO_2 フリー水素の原料として用いた天然ガスと同じ価格を仮定している。

* ⑤では、日本のユーザー着の水素コストは既に「水素基本戦略」が掲げる 2050 年の水素目標コストの 20 円／ Nm^3 に近い水準となっていることに注意。

いずれの分析においても、水素エネルギーを CO_2 フリー NH_3 として導入することがコスト的にも優位であることが示されている。

また、これらの分析結果を見る際の比較障害の問題について述べておく。

それは、NH3とMCHのサプライチェーンを構成する技術は既に存在しているため、この２つについては、実際の技術コストを基に計算されているのに対し、液化水素チェーンを利用した場合の日本ユーザー着の水素コストは、図表3-15に挙げられた技術課題が解決されたあとの、個々のプロセスに係るコスト予想を基に計算されたものという点である。

（4）バリューチェーンを通じたライフサイクルCO2排出

さらに、これらの手段による水素エネルギーの導入が、日本のエネルギーシステムのバリューチェーンの脱炭素化にどれほど寄与するかという観点から、それぞれのバリューチェーンのライフサイクルCO2排出量を評価した研究成果[63]を紹介する。この研究成果は、３．４．５で紹介したNH3のバリューチェーン全体のライフサイクルCO2排出量に関するLCA分析と同じ調査研究において行われたものである。

結論を先にいうと、この調査研究からは、海外において水素エネルギーキャリアの製造の際に用いる電力や熱源の種類によっては、たとえ「水素エネルギー」であったとしても、そのライフサイクル全体のCO2排出量が通常のLNG専焼発電のそれに比べて減らない（あるいは、かえって増えてしまう）ケースがあることが示唆されている。

NH3についての分析結果は、既に３．４．５で示したので、以下は、同じ研究で行われた液化水素とMCHのサプライチェーンに係る分析結果を紹介する。

液化水素をエネルギーキャリアとして、水素を水素専焼（100％）発電の燃料として用いた場合、そして、MCHを水素エネルギーキャリアとした場合のバリューチェーン全体のライフサイクルCO2排出量の推計値に係る前述の研究結果を、それぞれ図表3-18、図表3-19として引用した。なお、この研究では、比較の対象となる通常のLNG専焼発電のライフサイクルCO2排出量は、432g-CO2／kWhと算出されている。

これらのことから、水素エネルギー導入のためのサプライチェーンを構

図表 3-18 液化水素を水素エネルギーキャリアに用いて水素専焼発電向け燃料水素を輸送した場合のライフサイクル CO_2 排出量

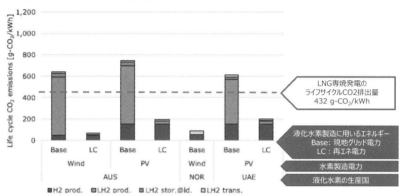

H2 prod.: H2 製造; LH2 prod.: 液化水素製造; LH2 stor.@ld: 液化水素貯蔵・積載;

出　所：Akito Ozawa, Yuki Kudoh, Naomi Kitagawa, Ryoji Muramatsu "Life Cycle CO2 emission from power generation using hydrogen energy carriers," 「International Journal of Hydrogen Energy」44 (2019) 11219-11232 の図8に筆者が加筆

図表 3-19　MCH を水素エネルギーキャリアに用いて水素専焼発電向け燃料水素を輸送した場合のライフサイクル CO_2 排出量

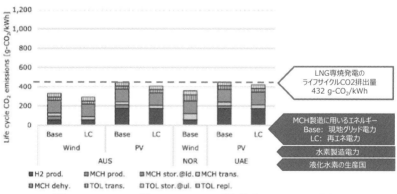

H2 prod.: H2製造;　　　MCH prod.: MCH製造;　MCH stor.@ld: MCH貯蔵・荷揚げ;　　MCH trans.: MCH輸送
MCH dehy.: MCH脱水素;　TOL trans.: トルエン輸送; TOL stor.@ud: トルエン貯蔵・荷卸し; TOL repl.:　　トルエン置き換え

出　所：Akito Ozawa, Yuki Kudoh, Naomi Kitagawa, Ryoji Muramatsu "Life Cycle CO2 emission from power generation using hydrogen energy carriers," 「International Journal of Hydrogen Energy」44 (2019) 11219-11232 の図9に筆者が加筆

築する際には、具体的なサプライチェーンに即して、そのライフサイクル CO_2 排出削減効果を評価することが重要であることがわかる。

3.5.3　水素エネルギー大量導入手段としての CO_2 フリーアンモニア

　ここまで「脱炭素化に資するエネルギー技術」の要件に沿って、液化水素、MCH、NH_3 の特徴の評価を行ってきたが、これらの分析結果を見ると、発電用途などの大量の水素エネルギーを必要とする用途には CO_2 フリー NH_3 を用いることが、総合的に見て現実的かつ有力な手段であり、また水素エネルギーの早期の導入を可能とする手段であることがわかる。

　ここで繰り返しになるが、以上の評価は、発電用途などに大量の水素エネルギーの導入を図る場合の評価である。これが、日本にとって最重要な水素エネルギー導入の意義と筆者は考えるが、水素エネルギーはこのほかにも、系統の「調整力」を維持するための蓄エネ手段や、再エネの地産地消の手段としての役割を担うことができる。これらの場合には、移動距離や量も限られるので、エネルギーキャリアを利用することなく、エネルギー密度を若干高めた圧縮水素の形での水素エネルギー利用が最も合理的と思われる。要は、水素エネルギー導入の目的と利用環境（用途、利用量、輸送距離など）に応じて、液化水素、MCH の活用などを含め、適切な水素エネルギーの導入手段を選択することが重要ということである。

　こうした選択を行うための情報としては、IEA が「The Future of Hydrogen」で行った、エネルギーキャリア別、水素エネルギーサプライチェーンの主要工程別のコスト比較結果が参考になる。[64] ちなみに「The Future of Hydrogen」で分析されている「主要工程」としては、①水素の製造、②エネルギーキャリアへの変換、③（長距離）輸送・貯蔵、④（国内・域内）配送、⑤水素への再転換（NH_3 の直接利用の場合を除く）が取り上げられている。

3.5.4　水素エネルギーキャリアとしての CO₂ フリーアンモニアの可能性

発電用途以外での CO_2 フリー NH_3 のもうひとつの可能性についても指摘しておきたい。日本のエネルギーシステムの脱炭素化を図るためには、第1章で論じられているとおり、本稿で取り上げた電力分野のほかに、産業分野と熱エネルギー分野の脱炭素化も極めて大きな課題である。これらの分野の脱炭素化においても、大量の水素エネルギーが必要になると考えられるが、その場合、やはり大量の水素エネルギーをどのように入手するかが大きな問題となる。

この水素エネルギーの輸送手段としての（すなわち、本稿でもっぱら議論してきた CO_2 フリー燃料としての CO_2 フリー NH_3 ではなく、水素キャリアとしての）CO_2 フリー NH_3 の有用性と可能性が海外の調査研究では指摘され始めている。コスト面で見る限り、水素キャリアとしての CO_2 フリー NH_3 のコスト競争力は、IEA 及び SIP「エネルギーキャリア」で行われたコスト分析の結果（図表3-8、図表3-16、図表3-17）で示唆されているように、他の水素エネルギーキャリア（液化水素、MCH）を用いた場合と大きな差はない。水素キャリアとしても CO_2 フリー NH_3 を利用しようという場合には、技術的には NH_3 をクラッキングして水素を製造するプロセスに改良の余地があると考えられるが、実際に後述する3.6.2（2）で紹介するような NEOM と Air Products による CO_2 フリー NH_3 を水素キャリアとして用いる事業プランも出始めており、水素キャリアとしての CO_2 フリー NH_3 の技術的・経済的可能性についても、今後、追求してみる必要がありそうだ。

CO2 フリーメタン（CH4）について

　CO2フリー CH4 は、化石燃料の燃焼排ガス中の CO2 を分離・回収
し、CO2フリー水素と反応させて製造される。CO2フリー CH4 を燃焼
すると CO2 を排出するが、この CO2 のもとは排ガスから回収したもの
なので、CO2 の排出総量を減らすことができる。また、CH4 は、ほぼ
天然ガスと同様の物質なので、CO2フリー CH4 の利用においては、現
在の LNG の輸送・貯蔵インフラや燃焼機器をそのまま使うことができる。
さらに原料の CO2 として、バイオ燃料からの CO2 を使えば、地球上の
CO2 総量を増やすこともない。

　こういった良い面もあるが、CO2フリー CH4 には、① CO2フリー
CH4 の製造に多量の水素を要する、②バイオ燃料の資源量が限られる、
③原料の CO2 と CO2フリー水素の入手可能な場所の地理的関係によっ
て、その利便性・経済性が大きく異なる——などの問題があることから、
IEA の「The Future of Hydrogen」では、CO2フリー CH4 を含む合成
炭化水素を水素エネルギーの導入手段の検討対象から外している。

　これらの問題点について、もう少し解説しよう。まず、CO2フリー
CH4 の製造は、

$$CO_2 + 4H_2 \rightarrow CH_4 + 2H_2O - 165kJ$$

といった反応で作られるが、この反応式からわかるように、CO2フリー
CH4 の1分子の CH4 を合成するのに4分子の水素（H2）を必要とする。
そのため、仮に出力 100 万 kW のガス火力発電所から排出される CO2
を原料として CH4 を生産する場合、CH4 は年間 96 万 t 生産すること
ができるが、そのために必要となる水素量は年間 48 万 t で、その水素
を再エネ電力による水の電気分解で得ようとすると、年間 270 億 kWh（出
力 380 万 kW の発電所の年間発電量とほぼ同等）が必要となる。

　バイオ資源を原料として使うことの問題は、バイオ資源にはその資源

量と資源の集積密度に制約があることだ。資源の集積密度が小さいため、一般的にバイオ資源は、その収集・運搬に多くのエネルギーを要する。また、資源の集積密度を増やそうとすると「土地利用改変（Land Use）」の問題という、別の環境問題を惹起することが懸念されている。

　最後の③の問題については、CO_2 が（火力発電所などから）大量に入手可能な地域と再エネ資源に恵まれている地域が近い、あるいは送電線やパイプラインで結ばれているといった条件が整っている（欧州のような）地域は良いが、（日本を含む）そのほかの多くの地域では、そうした環境には必ずしもない。なお、欧州地域は、余剰の風力エネルギーが利用可能なため、CO_2 フリー CH_4 の製造に大量の水素を要することがあまり大きな障害とならないといった条件にも恵まれている。

3.6　CO_2 フリーアンモニアのバリューチェーンの構築に向けた動き

3.6.1　グリーンアンモニアコンソーシアム（GAC）

　SIP「エネルギーキャリア」（2014 ～ 2018 年度）では、技術開発や研究調査の成果が出始め、NH_3 が発電タービンやボイラ、燃料電池用の CO_2 フリー燃料として直接利用できる可能性が見えてきた 2017 年の段階から、その社会実装を視野に入れた活動が行われてきた。複数のテーマから成る研究開発プロジェクトでは、ともすればチーム間で情報が分断されがちだが、SIP「エネルギーキャリア」では、研究開発に参加する幅広い分野の関係者の間で、CO_2 フリー NH_3 関連の研究開発、調査全体の進捗状況の把握を容易にするため、研究チームを超えた情報共有の場が設けられた。加えて、海外を含む外部の企業や機関に対しても、可能な範囲で研究の進捗状況や成果に関する情報の提供を積極的に行った。バリューチェーンの

構築に向けて、国内外の幅広い分野の関係者による協働とタイムリーな取り組みを促すことがその狙いであった。

SIP「エネルギーキャリア」が終了したあとの2019年4月には、この場を発展させる形で、「CO_2フリーNH_3の供給から利用までのバリューチェーン構築を目指し、技術開発／評価、政策提言、国際連携等を実施」することを目的とする[65]グリーンアンモニアコンソーシアム（GAC）が、SIP「エネルギーキャリア」の参加者の有志によって一般社団法人として設立された。その際GACは、SIP「エネルギーキャリア」の参加企業・機関以外にも参加の道を開いている。GACの発足時の参加企業・公的（研究）機関は、内外の約60企業・機関であったが、CO_2フリーNH_3のCO_2フリー燃料、水素エネルギーキャリアとしての可能性に関する理解の広がりもあり、現在、GACの参加企業、機関数は100に届こうとしている（図表3-20）。メンバーには、CO_2フリーNH_3の導入が最も早期に進むとみられる電力業界から主要な電力会社が参加しているのをはじめとして、主要な

図表3-20　グリーンアンモニアコンソーシアム（GAC）会員（2020年10月21日現在）

【理事会員】11社	鹿島建設(株)	東レ(株)	【賛助会員(外国企業)】14社	【特別会員】3名、20機関
(株)IHI	川崎汽船(株)	(株)トヨタエナジーソリューションズ	A-Enviro Chile GmbH – AustriaEnergy -	秋鹿研一（元SIPサブPD）
宇部興産(株)	関西電力(株)	(株)豊田自動織機	（オーストリア）	塩沢文朗（元SIPサブPD）
(株)JERA	九州電力(株)	(株)豊田中央研究所	Baker Hughes（英&米）	橘川武郎（国際大学）
住友化学(株)	国際石油開発帝石(株)	日揮触媒化成(株)	CF Industries（米）	秋田県産業技術センター
東京ガス(株)	JFEエンジニアリング(株)	日本オイルエンジニアリング(株)	DNV GL（ノルウェー）	(国研)海上・港湾・航空技術研究所
東洋エンジニアリング(株)	シェルジャパン(株)	(一財)日本海事協会	Engie - Hydrogen Business Unit（仏）	(株)国際協力銀行（JBIC）
日揮(株)	清水建設(株)	(株)日本触媒	Equinor ASA（ノルウェー）	(一財)石炭エネルギーセンター
丸紅(株)	(株)商船三井	日本郵船(株)	Fortescue Metals Group（豪州）	(独法)石油天然ガス・金属鉱物資源機構
三井物産(株)	昭和電工(株)	バルチラジャパン(株)	The Hydrogen Utility（豪州）	(一財)電力中央研究所
三菱重工業(株)	鈴与商事(株)	北陸電力(株)	Kellogg Brown & Root Asia Pacific Pte. Ltd.	新居浜市
三菱商事(株)	住友商事(株)	北海道電力(株)	（シンガポール）	(一財)日本エネルギー経済研究所
	双日(株)	(株)三井E&Sマシナリー	NW Interconnected Power Pty Ltd	四日市市
【一般会員】53社	ダイヤモンド電機(株)	(株)三井住友銀行	- Asian Renewable Energy Hub –（豪州）	(駐日)ニュージーランド大使館
IMIジャパン(株)	大陽日酸(株)	三菱ガス化学(株)	Origin Energy Limited（豪州）	(駐日)ノルウェー大使館
味の素(株)	(株)竹中工務店	三菱パワー(株)	Stanwell Corporation（豪州）	Ammonia Energy Association（米国）
アラムコ・アジア・ジャパン(株)	中外炉工業(株)	三菱マテリアル(株)	Woodside Energy（豪州）	Austrade Tokyo Office（大使館）
(株)安藤・ハザマ	中国電力(株)	ヤンマーホールディングス(株)	Yara International ASA（ノルウェー）	CSIRO（豪州）
飯野海運(株)	千代田化工建設(株)			EJAAD（オマーン）
出光興産(株)	ティッセンクルップ・ウーデ	【賛助会員(個人)】8名		Electric Power Research Institute
伊藤忠商事(株)	・クロリンエンジニアズ(株)	赤松史光（大阪大学）	小島由継（広島大学）	【EPRI】（米国）
上野トランステック(株)	電源開発(株)	梅沢順子（元科学技術振興機構）	小林秀昭（東北大学）	Government of Queensland（豪州）
ENEOS(株)	東電設計(株)	江口浩一（京都大学）	中江清彦（元住友化学）	Government of South Australia（豪州）
大阪ガス(株)	東邦ガス(株)	久保田純（福岡大学）	中村徳彦（元トヨタ自動車）	Government of West Australia（豪州）
(株)大林組	東北電力(株)			The New Zealand Hydrogen Association(NZHA)

出所：グリーンアンモニアコンソーシアム（GAC）

供給者となる可能性のある海外企業や海外の公的機関、そして商流・物流を担う商社、海運会社、さらにはNH3の燃焼機器・設備メーカーといったバリューチェーンの構築に必要となる関連セクターの企業群、海外協力・投資を支援する公的金融機関などが名を連ねている。

ところで、海外企業や海外の公的機関には、豊富な再エネ資源を保有する国だけでなく、これまで化石資源の市場で主要な役割を果たしてきた国の機関や企業も含まれている。後者は、エネルギーの脱炭素化の動きをにらんで、自国の化石エネルギー資源を（CCS／EORなどを利用して）CO2フリーエネルギーに換えて輸出することにより、将来にわたって自国に賦存、あるいは自社が権益を有する資源の活用を図ろうとしていると考えられる。この代表的な例が、サウジアラビアのサウジアラムコや、豪州最大の天然ガス生産企業のWoodside Energyといえよう。

GACは、それ自身が商取引の主体とはなり得ないが、国や業種の垣根を越えた幅広い関係者間の情報交流や、連携のプラットフォームとして機能していくことになるだろう。また、バリューチェーンの技術的基盤の構築に必要となる活動、例えば、CO2フリーNH3とそうでないNH3を識別するための「CO2フリーNH3」の定義と識別方法の国際標準案の作成などに取り組むことも期待される。さらに、3.7で述べるようなCO2フリーNH3がCO2フリーであるがゆえに現在、直面しているコスト面でのハンディキャップを軽減するための政府などの公的機関による支援措置や、CO2フリーNH3を社会実装する際に必要となる規制等の合理化などに係る要望の取りまとめも、その重要な活動となるだろう。

GACは、図表3-21のようなタイムラインを念頭に、バリューチェーンの構築に向けた活動を行っている。このタイムラインは、政府の「水素基本戦略」や「統合イノベーション戦略」[66]に整合したもので、2020年頃までに小規模のCO2フリーNH3専焼発電（CO2ゼロエミッション発電）などのデモンストレーションを行い、2025年頃までに既存の石炭火力発電所、中規模のガスタービン発電でのCO2フリーNH3導入（混焼発電）を

実現することを目指している。

図表 3-21　CO2 フリー NH3 バリューチェーンの構築タイムライン

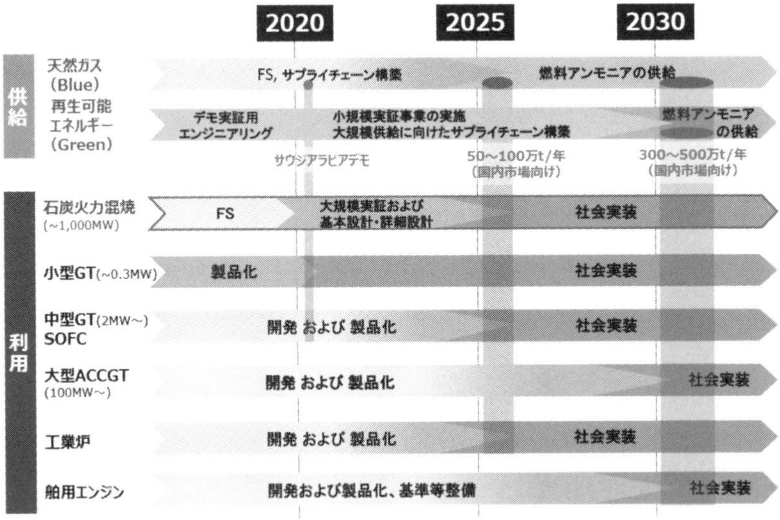

出所：グリーンアンモニアコンソーシアム（GAC）

3.6.2　国内外の動向

(1) 国家レベルの政策

　CO_2 フリー NH3 が、エネルギーシステムの脱炭素化の道を拓く新たなエネルギーとしての要件を満たし、有望な新燃料になり得るという理解は、世界でも常識となりつつある。

　こうした理解が世界に広がった大きな契機は、2019 年 6 月に IEA が取りまとめて公表した、水素エネルギーに関する包括的な評価レポート「The Future of Hydrogen[67]」だったのではないかと思われる。「The Future of Hydrogen」では、NH3 が「Hydrogen Based Fuels」及び「水素キャリア[68]」の双方の観点から、水素エネルギーの輸送・貯蔵・利用のさまざまな側面において重要な役割を担うものとして取り上げられた。そして IEA

190

は、SIP「エネルギーキャリア」における NH3 直接利用技術開発の成果（石炭火力発電用の微粉炭発電ボイラ、発電用ガスタービン、工業炉、燃料電池などでの NH3 の直接利用技術）について数多く言及している。なかでも、石炭火力発電用ボイラでの NH3 と石炭の混焼技術に着目し、この技術を既存の石炭火力発電の CO2 排出削減の重要な手段として積極的に評価した。また、ガスタービン発電での NH3 混焼技術についても、電力系統への再エネ導入の拡大に伴って重要となる「調整力」の確保手段としての火力発電の脱炭素化技術として評価した。

　水素エネルギーに関する国としての戦略のなかで、世界で最も早く NH3 の可能性に言及したのは日本の「水素基本戦略」（2017 年 12 月）であるが、それに続いて発表された豪州の「Australia's National Hydrogen Strategy」（2019 年 11 月）、ドイツの「Nationale Wasserstoffstrategie（国家水素エネルギー戦略）」（2020 年 6 月）、EU の「A hydrogen strategy for a climate-neutral Europe」（2020 年 7 月）でも、それぞれの国、地域のエネルギー環境の差による重点の置き方の違いはあるものの、NH3 が CO2 フリー燃料、水素エネルギーキャリアの候補物質として挙げられている。また、英国の王立協会は、2020 年 2 月に「Ammonia: zero-carbon fertilizer, fuel and energy store」と題する政策提言を発表し[69]、「グリーンアンモニア」（再エネ水素を原料とする CO2 フリー NH3）が、脱炭素社会への移行において大きな役割を果たすことを指摘している。

　「水素基本戦略」に続いて、内閣府により取りまとめられた「統合イノベーション戦略」では、SIP「エネルギーキャリア」の成果及び前述した GAC の設立と活動を踏まえ、水素社会を実現する手段のひとつとして、「2030 年の NH3 の導入量 300 万 t」の数量目標を掲げるとともに、その目標達成のための具体的な取り組みとして「GAC を中心に、世界の再生可能エネルギーを NH3 に転換して日本に輸入する等、イノベーションの視点からの CO2 フリー NH3 バリューチェーンの構築に向けた検討を実施する」ことが明記された。この戦略に沿う形で、経済産業省は 2020 年 3

月に「新国際資源戦略」を策定し、同戦略において「燃料アンモニアの利用拡大」を気候変動問題とエネルギーアクセスの両立を実現する重要な手段として位置付け、2020年10月には「燃料アンモニア導入官民協議会」を立ち上げたほか、大型の石炭火力発電におけるNH3混焼の実証事業を進めている。

（2）民間セクターの動向

　内外の民間セクターでもさまざまな動きが出てきている。ここでは、ニュースなどで報じられている、海外の民間企業の日本企業と日本の水素エネルギー市場を念頭においた動きや、注目される計画のいくつかの例を紹介する。

　豪州では、CO2フリーNH3の国内利用のみならず、新たな輸出資源としての可能性に着目した民間企業の動きが出始めている。豪州国内での再エネ水素製造用の水電解設備の建設・設置計画は、2020年4月の時点で70万kWあるが、そのうち40万kWの設備がCO2フリーNH3製造向けのものであると報じられている。[70] これに加えて、計400万kWに上るCO2フリーNH3向けの再エネ水素製造のための電解設備の建設計画が具体化しようとしている。この再エネ水素の生産規模からは、年間約250万tのCO2フリーNH3の生産が可能となる。

　サウジアラビアでは、同国において太陽光、風力による400万kWの発電設備から1日当たり650tの再エネ水素を製造し、その水素から年産250万tのCO2フリーNH3を製造して世界各地へ輸出する計画が、同国のNEOM[71]、ACWA Power[72]と世界最大の産業用ガスメーカーのAir Products（エアープロダクツ）により2020年7月に発表された。この3社の投資総額は50億ドル。2025年の操業を目標としている。

　以上は、CO2フリーNH3でもいわゆる「グリーンアンモニア」のサプライチェーン構築に向けた動きであるが、自国に賦存する化石資源を活用した「ブルーアンモニア（天然ガスなどの化石資源とCCS／EORを利

用して製造したCO_2フリーNH_3)」に係る企業の動きもある[73]。

　そのひとつは、サウジアラムコ、SABICなどが、日本側（エネ研、三菱商事など）の協力を得て、サウジアラビアの有する天然ガスなどの化石資源とCCSのサイトを利用し、発電燃料用のブルーNH_3を製造して日本に輸送し、発電実証するという、CO_2フリーNH_3バリューチェーンのデモンストレーションの実施である。これは2020年の10月に実施された。サウジアラビア政府は、そうした形での化石エネルギー資源の活用は、脱炭素社会への移行に向けたサウジアラビアの新たな国づくりの道、そして世界への貢献の姿を示すものと考えているようだ。

　日本側のCO_2フリーNH_3のユーザーサイドでも、この原稿の執筆中に大きな動きがあった。JERA[74]は、2020年10月に「JERAゼロエミッション2050」を策定し、国内で2030年までにNH_3混焼発電の本格運用、2040年代にNH_3専焼発電を開始するという内容のロードマップを発表した。

　産消両国の企業間の協力プロジェクトも進められている。豪州のWoodside Energy、日本のJERA、IHI、丸紅は、豪州の天然ガスを原料とし、それに植林事業をCO_2の吸収源として組み合わせることにより製造されたCO_2フリーNH_3を燃料として、日本の石炭火力発電所で石炭とNH_3を混焼利用するという内容のバリューチェーン構築に向けたフィージビリティ・スタディを、NEDOの支援を受けて共同で実施している[75]。

　これらの"グリーン""ブルー"のCO_2フリーNH_3バリューチェーン構築を目指すプロジェクトのなかで、前述のNEOMとエアープロダクツが中心となって進めているプロジェクトは、エアープロダクツがCO_2フリーNH_3の全量を世界各地へ輸出し、それを自動車向けのCO_2フリー水素として販売するという点でユニークな計画である[76]。NH_3から水素に再転換するには、NH_3をクラッキング、精製する必要があり、追加的なコストがかかる。それにもかかわらず、NH_3にして輸送するということは、水素で輸送するよりも輸送・貯蔵の容易なNH_3で輸送したほうが、その

コスト増を上回るメリットがあるという判断に立ったものと推定される。

　国際海運の分野においても、2.2.5で言及されているように、最近、CO_2フリーの船舶燃料としてのCO_2フリー NH_3への関心が高まっている。これは、2018 年に採択された国際海事機構（IMO）による国際海運における温室効果ガス排出規制（国際海運からの年間の温室効果ガス排出量を2050 年までに 50％以上削減）[77] が背景にある。2020 年 4 月には、今治造船や三井 E&S マシナリー、伊藤忠商事、日本海事協会が、ドイツの MAN Energy Solutions（MAN 社）との間で、MAN 社が開発を進めている「アンモニア焚き機関」を搭載する温室効果ガス・ゼロ・エミッション船の共同開発を行うことを発表した。MAN 社は、2024 年を目標に船舶用の 2 サイクル・NH_3エンジンの開発に取り組んでいると報じられている。[78] また、日本郵船や IHI 原動機、日本海事協会は、NH_3燃料タグボートの共同開発を行うことを 2020 年 8 月に発表した。

3.7　バリューチェーンの社会実装に向けた課題

　これまで説明してきたように、CO_2フリー NH_3の導入に係る技術面での大きな問題は存在しない。また、CO_2フリー NH_3のコストは、既に現時点でも「水素基本戦略」が掲げる「将来」（2050 年）のプラント引き渡しベースの水素コスト目標の 20 円／ Nm^3-H_2 に近い水準にある。こうしたことから、CO_2フリー NH_3は、脱炭素社会への移行に向けた有望な手段になり得るとの認識が内外の関係者の間で共有され、その将来の社会実装をにらんださまざまな取り組みも始まっている。しかし、このことは、現時点で CO_2フリー NH_3が化石燃料に代って自律的に導入される環境にあることを意味しない。

　本節では、CO_2フリー NH_3の社会実装に向けて、今後必要となる政府の政策や民間企業の取り組みなどについて考える。

3.7.1　CO₂フリーアンモニアの市場の特徴

　実際の CO_2 フリー NH_3 の取引価格は、もちろん関係する事業者間の交渉で決まることになるが、ここで価格形成に影響すると考えられる、CO_2 フリー NH_3 市場の特徴を見ておきたい。

　「水素基本戦略」などでも期待されているように、本格的な水素エネルギーの利用は、発電分野で始まると考えられる。そして CO_2 フリー NH_3 は、利用技術の成熟度、CO_2 排出削減の喫緊性などから、まず日本では、既存の石炭火力発電所において、石炭との混焼用燃料として導入が始まるだろう。すなわち、日本の CO_2 フリー NH_3 のユーザーは、当面は発電事業者ということになる。他方、CO_2 フリー NH_3 の供給者は、基本的には海外で天然ガス権益と CCS／EOR が可能なサイトを保有する事業者、または大規模な再エネ発電設備を持つ事業者となるだろう。

　この市場では資源を保有する供給者の力も大きいが、発電用燃料の取引では大量の燃料の長期、安定的な取引が指向されることから、購入者側も長期、大量購入を行うという交渉上のレバレッジを持っている。また、先に述べたように CO_2 フリー NH_3 の原価コストの透明性は高く、容易に推計できるという交渉材料もある。加えて、CO_2 フリー NH_3 の供給ソース、供給技術に関する選択肢は複数存在する。こうしたことから、CO_2 フリー NH_3 の市場は、競争的でありながらも、原料価格水準を反映した長期、安定的な取引価格をベースとした市場となるものと考えられる。

　ところで、現在、(CO_2 フリー NH_3 と物質としてはまったく同じ)NH_3 は、主に肥料原料として年間 1800 万 t に上る量の国際間取引が行われており、その NH_3 の取引価格は、主として肥料需要の季節的要因、天候、原料価格などによって変動する国際市況をベースとして決まっている。

　ただ、いったん CO_2 フリー NH_3 が発電燃料として使用され始めると、その市場規模が肥料原料よりも圧倒的に大きくなることや、前述のような CO_2 フリー NH_3 取引の特徴、そして脱炭素化の波は、肥料用途向けの

NH3にも及び始めている[79]ことなどを考えると、NH3の市場は、中長期的にはCO2フリーNH3の市場に収れん・吸収されていくと考えられる。

　また、この市場では大量で安定的な取引が指向されることから、LNGのケースで見られたように、需要家側において天然ガス田権益の確保、大規模再エネ発電設備の保有など、原料資源の確保を図る動きが出てくる可能性もあるだろう。

　なお、コストの話からは離れるが、取引されるCO2フリーNH3は、物質としては従来のNH3と同じなので、CO2フリーのNH3とそうでないNH3を区別して取り扱う必要性が生じる。このため、CO2フリーNH3の市場の整備に当たっては、CO2フリーであることを保証するための何らかの国際的な仕組みが必要となるだろう。

３.７.２　現時点でCO2フリーアンモニアのコストが、将来の水素コスト目標を実現できる水準にあることの意味

　CO2フリーNH3のコストについて考察した３.４.４（４）で、CO2フリーNH3のコストは、現時点で既に「将来」（2050年）の水素コスト目標の「20円／Nm3」をほぼ達成できる水準にあるとみられることを記した。このことは何を意味しているのだろうか。

　「水素基本戦略」に掲げる水素コストの将来目標について、「水素・燃料電池戦略ロードマップ」は次のように説明している。

　「IEAの『World Energy Outlook 2018』では、日本における2040年のLNG価格は10＄／MMBtu程度（CIF価格）と予測されている。これらを踏まえ、従来エネルギーと同等のコスト競争力を実現するために目指すべきコスト水準としては、LNG価格10＄／MMBtu（CIF価格）を熱量等価で水素価格に換算した13.3円／Nm3に環境価値を考慮した水準が目安となる。また、環境価値については、さまざまな試算があるが、2040年の東アジアのCO2価格は、World Energy Outlook 2018の『新政策シ

ナリオ』を踏まえると 44 ＄／ t-CO2 となる。

　こうしたことから、水素エネルギーの本格的な社会実装に向けては、20円／ Nm³ という将来目標を目指すとともに、環境価値を含めて既存のエネルギーと遜色ない水準まで一層深掘りしていく必要がある」

　つまり、水素が燃料として競争力を持つためには、LNG を燃料として用いる際のコストを下回ることが必要だが、LNG を燃料として用いるコストは、2040 年時点の LNG の予想価格（10 ＄／ MMBtu）に環境価値（CO2 排出コスト：CO2 排出量 1 t 当たり＄44）を加算したコストとなることが予想されるので、このコストを水素が下回るためには、水素価格は20円／ Nm³-H2 以下に低減することが必要ということである。

　しかし、CO2 の環境価値がコストの形で具現化しておらず、LNG 価格も安価なレベルにある現時点では、既に CO2 フリー NH3 のコストが「将来」の水素コスト目標を実現できる水準にあったとしても、CO2 フリー NH3の LNG に対するコスト競争力は劣るため、市場原理に任せていてはその導入が進まないことになる。

　CO2 フリー NH3 には、既存のインフラ技術が利用可能という大きな利点があるが、その供給体制の構築や設備機器の増設などには一定の時間を要する。その時間を考慮すると、2050 年に向けてもうそれほど時間があるわけではない。将来の環境価値を含む LNG コストの予測を念頭に置きつつ、「水素基本戦略」の目標を早期に実現するためには、前述の、現在CO2 フリー NH3 が置かれている状況に即した政策的支援の検討と具体化が必要となるだろう。

3.7.3　バリューチェーンの構築に向けて

　CO2 フリー NH3 のバリューチェーンの構築は、それに事業機会を見いだす企業によってビジネスベースで進めていくことが基本である。しかし、エネルギー用途のバリューチェーンの構築では、必要となる投資額が非常

に大きくなるため、民間企業だけでそのリスクを取ることは難しいことも事実である。特に、CO_2フリーの環境価値についての将来の見通しが不透明な現段階では、なおさらのことだ。

　ここで、必要となる投資額がどれほどのものになるか、既存の石炭火力発電所にCO_2フリーNH_3を導入する場合を例として見てみよう。３.４.２でも引用したエネ研の研究結果[80]によると、日本の2030年度のCO_2排出削減目標（日本全体で2013年度比マイナス26%、電源部門で同マイナス38%）を達成するためには、年間約350万 t のNH_3の導入が必要となる。[81]この規模の量のCO_2フリーNH_3を供給するためには、現在の標準的なNH_3製造プラントの規模が大体1日当たり2000 t（年産約73万 t）なので、新規のプラントを5基程度建設することが必要となる。NH_3の製造プラントの建設費はプラント本体だけ（ユーティリティー設備費用などを除く）でも、その費用は1基当たり300億円程度になるといわれている。さらに、CO_2フリーとするための再エネ水素製造設備、または CCS ／ EOR 関連設備の建設も必要なので、石炭火力発電所における混焼用のCO_2フリーNH_3を供給するだけでも、その必要投資額は相当な規模となる。

　他方、利用サイドでは、CO_2フリーNH_3の利用を可能とする既設石炭ボイラの改造に要する費用はそれほどかからないものの、発電所でのCO_2フリーNH_3の荷揚げや受け入れ用の設備、貯蔵用のタンク、新たな配管の敷設などは必要となる。このために発電所ごとに数十～数百億円規模の投資を行うことが必要となるだろう。さらに大量のCO_2フリーNH_3を受け入れる場合には、これに加えて港湾の整備も必要となる。

　事業として成り立つ見通しがあれば、民間企業による投資は自律的に進むと考えられるが、政府の脱炭素社会構築に向けた具体的施策とスケジュールが見えない現時点（2020年10月）では、事業を取り巻く経済環境があまりに不透明であり、民間企業にとって、この規模の投資決断に伴うリスクは大き過ぎるというのが実態だろう。

　こうした投資リスクを軽減するために政府や公的セクターができること
は、資金面での支援だけではない。筆者は、次の2つのことが重要ではな
いかと考えている。

　そのひとつは、民間企業の将来に向けた合理的な行動を促すために、事
業環境の予見性を高めることだ。CO_2 フリー NH_3 の市場は、これまで見
てきたように、CO_2 の環境価値次第ではその需要者、供給者の両者の間
で Win-Win の取引関係の形成が可能な市場であり、また、極めて大きな
市場に成長する潜在性を持っている。この市場には、そうした潜在的な魅
力があるので、事業環境の予見性が高まりさえすれば、たとえ市場参入に
必要となる初期投資規模が大きくても、民間企業による自律的な投資が進
む可能性が大きい。

　2つ目は、需要側だけでなく供給側の政府を含めた関係者間で CO_2 フ
リー NH_3 バリューチェーンに係る将来ビジョン（バリューチェーン構築
に係るおおよそのタイムラインなど）を共有し、必要な場合には両者が呼
応する形で、双方において生じる初期投資リスクを軽減するための政策的
措置を、それぞれが協調的に講ずることだろう。このためには、国境を超
えた関係者間の安定的な協力関係（政府間の国際協力枠組みなど）の構築
が重要になると考えられる。特に先に紹介した、現在、豪州で起きている
企業の動きなどを見ていると、こうした政策的措置の必要性を強く感じる。

　一方、民間企業サイドでも NH_3 を水素エネルギーの導入手段として用
いることのメリットを生かして、こうした投資リスクを軽減できる方策が
ある。ここで「NH_3 のメリット」とは、NH_3 の製造・輸送・貯蔵・利用
の各段階で既存の設備が使えることだ。例えば、再エネ水素などの CO_2
フリー水素を既存の NH_3 製造プラントに原料として供給すれば、その分
だけ CO_2 フリー NH_3 が製造できる。これにより、新たなプラントを建設
することなく設備償却負担の小さな設備を活用して、CO_2 フリー NH_3 の
供給チェーンを立ち上げ、それを段階的に大きくしていくことが可能であ
る。需要側でも相当程度の規模の設備建設や整備が必要であることを考え

ると、このように段階的に供給チェーンの拡大を図れることは大きなメリットだろう。これによって、事業の初期投資リスクを軽減しつつ、技術の信頼性や習熟度の向上に応じて、必要な追加投資を行っていくことが可能となる。民間企業としては、事業環境が整うのを待つだけではなく、可能な範囲でこうした努力を行っていくことが必要だと思う。それによって需給両面で波及効果が生まれ、市場が広がっていくことが期待できる。

　2050年までにまだ30年あるとはいっても、この規模の投資と設備建設を伴うような事業には、少なくとも10年単位での時間を要する。さらに、前述のような取り組みは、脱炭素社会の構築に向けて発電分野で必要となる取り組みのごく一部に過ぎない。例えば、既存の石炭火力発電所でのCO_2フリーNH3の20%混焼によって削減できるCO_2の量は、3.4.2で見たように、約2000万t、日本全体のCO_2排出量の2％弱程度である。

　水素エネルギーの導入は、脱炭素社会に移行するための重要かつ有力な手段のひとつである。しかし、その方策について具体的に考えてみると、他の導入手段に比べて技術的、経済的課題が少なく、早期の導入が可能と考えられるCO_2フリーNH3による水素エネルギーの導入であっても、このように大変なことなのだ。[82] 私たちに残されている時間は、もうあまりない。2050年に向けて脱炭素社会への移行を目指すためには、官民挙げて、前述のような課題に早急に取り組むことが必要であろう。

COLUMN

「CO2の環境価値」について

　ここで「水素・燃料電池戦略ロードマップ」で議論されている「CO2の環境価値」は、かなり控えめな水準の予想であることに留意する必要がある。「CO2の環境価値」とはCO2排出がもたらす環境負荷コスト、逆にいえばCO2排出のコストを明示化する「カーボンプライシング」に当たるものといえるだろう。カーボンプライシングの水準については、

さまざまな提言が行われているが、2050年頃には100＄／t-CO2程度の水準を考えておく必要があるといっても、今では誰も驚かないだろう。

　例えば、カーボンプライシングの導入を推奨する国や国際機関、企業などの連携の枠組みで設置されたHigh-Level Commission on Carbon Prices（ノーベル経済学賞を受賞した、コロンビア大学のスティグリッツ教授が議長）は、2017年にパリ協定の目標達成に向けた炭素価格の役割についての報告を取りまとめ、その中で「パリ協定の気温目標に一致する明示的な炭素価格の水準は、2020年までに少なくとも40～80＄／t-CO2、2030年までに50～100＄／t-CO2」となるとの提言を行っている。

　また、国内でも地球環境産業技術研究機構（RITE）が、2030年度の日本の温室効果ガス排出削減目標（2013年度比マイナス26％）を達成するためのエネルギー起源CO2の限界排出削減コストは260＄／t-CO2に上るという分析結果[83]を発表している。これらは、いずれも2050年ではなく、2030年の数字として、そのコスト水準が語られていることに注意が必要だろう。

補論　SIP「エネルギーキャリア」と日本における水素エネルギー研究の歴史

　水素エネルギーの導入手段として、CO2フリーNH3の可能性を拓いた内閣府の戦略的イノベーション創造プログラム（SIP）「エネルギーキャリア」と、日本における水素エネルギー研究の歴史を簡単に紹介する。

（1）エネルギーキャリア研究の経緯

　2000年代後半から2010年の始めにかけて世界では、京都議定書後の温室効果ガス排出削減対策に係る国際的枠組みの在り方についての議論が活発化し、国内では、地球温暖化対策税が2012年10月から導入されることになった。こうしたなかで、政府の科学技術政策に対する産業界の提言機能を担う産業競争力懇談会（COCN）は、2012年度の研究テーマとして、「太陽エネルギーの化学エネルギーへの変換と利用」[84]を取り上げ、その成果報告書で海外の安価な再エネを（NH3やMCHなどの）化学エネルギーの形で長距離・大量輸送し、日本に導入することの可能性と重要性を指摘した。そしてCOCNは、国がそのための研究開発を基礎研究から実証段階にわたってシームレスに進める必要があることを提言した。

　燃料電池自動車の市場投入が予定されるなど、折からの水素エネルギーへの関心の高まりと、こうした産業界からの提言を受けて、文部科学省は、科学技術振興機構（JST）の先端的低炭素化技術開発（ALCA）の2013年度の特別重点プロジェクトとして、太陽熱利用による水素製造、NH3、MCHによる水素エネルギーの製造・輸送・利用技術開発を内容とする「エネルギーの貯蔵、輸送、利用等に関する革新的な技術開発」を開始した。その実施に当たっては、時をほぼ同じくして経済産業省で始まっていた液化水素による水素エネルギー貯蔵・輸送技術の開発を内容とする「再生可能エネルギー貯蔵・輸送等技術開発」プロジェクトとの連携を確保するため、これらを文部科学省と経済産業省共同の「未来開拓研究プロジェクト」

と位置付け、研究テーマやプロジェクト運営方法の調整や研究開発成果についての情報交換などを定期的に行った。

（2）戦略的イノベーション創造プログラムの創設

　こうした状況のなか、安倍晋三首相（当時）のイノベーション重視の方針を受け、政府部内におけるイノベーション創造機能の強化方策として、2014年度から総合科学技術・イノベーション会議（CSTI）に新たにSIPが創設されることになった。SIP創設の狙いは、「科学技術イノベーション創造推進費に関する基本方針」（2014年5月23日）に次のように記されている。

「総合科学技術・イノベーション会議は、『イノベーションに最も適した国』を創り上げていくための司令塔として、権限、予算両面でこれまでにない強力な推進力を発揮できるよう、司令塔機能の抜本的強化策の具体化を図らなければならない。総合科学技術・イノベーション会議は、（中略）府省間の縦割り排除、産学官の連携強化、基礎研究から出口までの迅速化のつなぎ等に、より直接的に行動していく必要がある」

「各府省の取組を俯瞰しつつ、更にその枠を超えたイノベーションを創造するべく、総合科学技術・イノベーション会議の戦略推進機能を大幅に強化する必要がある。その一環として、鍵となる技術の開発等の重要課題の解決のための取組に対して、府省の枠にとらわれず、総合科学技術・イノベーション会議が自ら重点的に予算を配分する『戦略的イノベーション創造プログラム（SIP)』を創設する」

　そして、こうした政策構想を実現するための手段として、新たに「科学技術イノベーション創造推進費（以下、推進費)」という、内閣府に置かれているCSTIが自ら重点的に予算を配分し、複数年にわたるプロジェクトが安定的に実施しやすい予算の仕組みが用意された。さらに、府省・分野の枠を超えて、基礎研究から出口（実用化・事業化）までを見据え、規制・制度改革を含めた取り組みを推進するために、SIPでは、これまでの各省

庁が主体でプロジェクト進める方式に代わり、CSTI が任命したプログラムディレクター（PD）に研究開発計画の策定と、その実施を委ねるという、従来の政府の研究開発プロジェクトにはない制度設計が行われた。

SIP「エネルギーキャリア」では、これまでに記してきたとおり、NH3 の燃焼メカニズムの解明からさまざまな NH3 燃焼機器開発まで、基礎から開発研究に至る一気通貫の研究開発、さらには、CO2 フリー NH3 の製造技術開発から、そのサプライチェーンの構築に係る技術的、経済的フィージビリティ・スタディまで、NH3 の CO2 フリー燃料、水素エネルギーキャリアとしての可能性を突き詰めるための総合的な研究が一体的に行われたが、この制度設計がこうした総合的な研究の実施を可能にしたといえるだろう。

（3）戦略的イノベーション創造プログラム「エネルギーキャリア」

水素エネルギーの製造・輸送・利用技術の開発は、SIP の制度で取り上げるに相応しいテーマとして、SIP の第一期（2014 ～ 2018 年度）で採択された 10 テーマ中のひとつである。その目的は、CO2 フリー水素バリューチェーン（図表 3-22）の構築に向けて、水素の製造から輸送・貯蔵用キャリア、そして利用に関する技術開発を強化することとされた。SIP「エネルギーキャリア」において、液化水素、NH3、MCH が研究開発の対象として取り上げられたことは、これまでに述べたとおりである。

SIP「エネルギーキャリア」の発足の際には、文部科学省、経済産業省の「未来開拓研究プロジェクト」における研究テーマ、役割分担を見直し、SIP「エネルギーキャリア」で新たに取り上げる研究開発テーマの選定と、既存の研究テーマを含む関連研究開発活動との一層の連携強化を図る体制づくりが行われることになった。そして、この見直しのなかで、2013 年度から ALCA のテーマとして着手されていた「エネルギーの貯蔵、輸送、利用等に関する革新的な技術開発」は発展的に解消し、SIP「エネルギーキャリア」に移行することになった。

図表 3-22　SIP「エネルギーキャリア」で取り上げたエネルギーキャリア

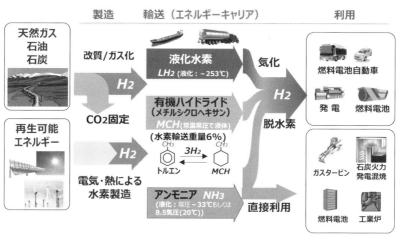

出所：SIP「エネルギーキャリア」

図表 3-23　水素関連研究開発の全体像（SIP「エネルギーキャリア」発足当時）

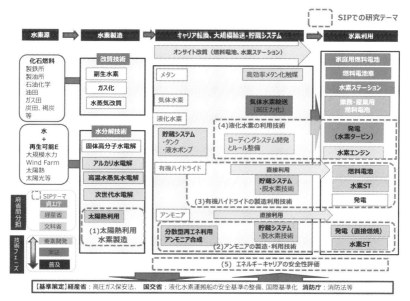

出所：SIP「エネルギーキャリア」

その結果、SIP「エネルギーキャリア」を含む、日本の水素エネルギー関連研究の全体像は（図表 3-23）のような姿となった。なお、SIP「エネルギーキャリア」は、NH3 関係の研究開発で広く知られているが、この説明からわかるとおり、実際は NH3 関連のテーマだけでなく、液化水素、MCH に関する研究開発も行っている。

SIP「エネルギーキャリア」では、その要となるプログラムディレクター（PD）に村木茂氏（当時は東京ガス副会長）が選任された。そして、PD を補佐するサブ PD を秋鹿研一氏（東京工業大学名誉教授）と筆者が務めることになった。SIP「エネルギーキャリア」の実施体制を図表 3-24 に示す。

SIP「エネルギーキャリア」は、2014 ～ 2018 年度の 5 年間、毎年約 30 億円の研究開発費の配分を受けて実施された。特に、NH3 の燃料としての直接利用技術に大きな進歩と成果をもたらした。それは、世界的にも注目され、国際燃焼学会の日本支部である日本燃焼学会は学会誌で、SIP「エネルギーキャリア」で行われた NH3 燃焼に係る研究成果を集大成した特集[85]を企画したほか、NH3 の燃焼研究を主導した SIP「エネルギーキャリア」の PD、サブ PD の計 3 名に対して 2019 年度の技術賞を授与した。なお、SIP「エネルギーキャリア」で実施された各研究開発テーマの成果報告は、JST のウェブサイトで公開されている[86]。

（4）日本の水素エネルギーに係る国の取り組みの歴史

水素エネルギーについての国の取り組みとしては、これに先立つものがある。1973 年の第一次石油危機を契機として水素が石油代替エネルギーとして注目され始め、1974 ～ 1992 年には通商産業省（現：経済産業省）の「サンシャイン計画」で熱化学水素製造が、1978 ～ 1992 年には同省の「ムーンライト計画」で燃料電池の開発のための技術開発が行われた。続いて 1993 年からは、同省によりニューサンシャイン計画の一環として「水素利用国際クリーンエネルギーシステム技術研究開発（WE-NET）」が開

図表 3-24　SIP「エネルギーキャリア」の実施体制（2019 年4月現在）

出所：SIP「エネルギーキャリア」

始され、その後 2002 年まで 10 年間にわたって WE-NET のもとで水素製造・輸送・貯蔵・利用技術などの開発が行われた。[87]その当時から、海外の再エネを利用した水素製造、材料開発を含む水素の輸送・貯蔵技術（液化水素タンカー建造、タンク建設など）、水素エンジン、水素専焼ガスタービン、燃料電池などの水素利用技術開発が研究開発の目的として掲げられていた。

　WE-NET では、水素エネルギーのキャリアとして、液化水素だけでなく NH3 なども視野には入っていたようだが、技術開発の対象とされたものは液化水素関連の技術であった。その理由は、NEDO の WE-NET 第一期基本計画に以下のように記されている。

　「水素輸送媒体としては、液体水素、水素ガス、アンモニア、メタノール、シクロヘキサン等が考えられているが、このうち液体水素は国内外において技術開発に着手されておらず、WE-NET の柱となる主要技術開発項目

であること。かつ、大量に輸送できること、変換技術が単純なこと、消費地で利用する際に便利である等といった点が挙げられる。これらのことから近未来技術として液体水素を対象に研究開発を行うものとする」[88]

このため、WE-NET において、NH3 が CO2 フリー燃料となる可能性について追求されることはなかった。

WE-NET プロジェクトは、所期の成果目標の達成が容易でなかったこともあり、2003 年までの計画を 1 年前倒しで終了し、その後、「水素安全利用等基盤技術開発」に衣替えしたが、その成果は、固体高分子形燃料電池、水素ステーション関連技術、そのほかの水素エネルギーの利用に係る要素技術の実用化に生かされている。[89]

なお、こうした背景があることもあり、経済産業省、資源エネルギー庁、NEDO では図表 3-23 のように、SIP「エネルギーキャリア」と並行して、水素、液化水素に係る研究が水素エネルギー関連の研究として続けられていた。

[脚注・参考文献]
1　ちなみに、水の電気分解によって水素を製造するには、水素 1 Nm³（0℃・1 気圧のもとでの体積）当たり 4 〜 5 kWh、最低でも 3.54kWh の電力を必要とする。
2　IEA「The Future of Hydrogen」（2019 年 6 月）の第 1 章にある記述を抜粋・意訳。
3　より具体的にいうと、CO2 フリー水素を再エネ電力による水の電気分解によって製造する場合には、太陽、風力、水力、地熱などの再エネ資源。また、CO2 フリー水素を CCS ／ EOR を利用して製造する場合には、天然ガス資源があり、加えて CCS ／ EOR が可能な地質的環境ということになる。
4　以下を参照。
　塩沢文朗「海外の再エネ由来導入を」日本経済新聞・経済教室（2015 年 4 月 21 日付）
　塩沢文朗「水素エネルギーの重要性と戦略的イノベーション創造プログラム（SIP）『エネルギーキャリア』」、日本動力協会『エネルギーと動力　Vol.66　No.286　2016 年春季号』pp.58-71（2016 年）
　国際環境経済研究所コラム、塩沢文朗「水素社会の構築に向けて持つべきスケール感」(2013 年 11 月 25 日)
　http://ieei.or.jp/2013/11/column131125/#more-10471
　なお、これらの記事中の FCV の普及目標（200 万台程度）は、その後策定された「水素基本戦略」（2017 年 12 月）では、2030 年までに 80 万台の普及と大きく縮小改訂されているので、当面、これら用途に必要となる水素量はさらに減っている。
5　エネファーム用に必要となる燃料は、当面、都市ガスまたは LP ガスなので、ここではエネ

ファーム用の水素量はカウントしていない。最近、純水素を燃料とするエネファームの販売も始まったが、その普及目標は現在のところ存在しない。

6　経済産業省資源エネルギー庁「水素エネルギーとは？」 https://www.enecho.meti.go.jp/category/saving_and_new/advanced_systems/hydrogen/about/

7　「Hydrogen based fuels」については、「The Future of Hydrogen」の第 1 章 p.33 を参照。

8　ガソリン 1 L のエネルギーと同量のエネルギーを有する水素は、0℃・1 気圧で約 3000 L。

9　2017 年 12 月、再生可能エネルギー・水素等関係閣僚会議決定。

10　NH3 の分解反応は吸熱反応であり、NH3 の運べる水素エネルギーの約 13%のエネルギーを分解プロセスで投入する必要がある。

11　この成果は、国際的にも高く評価され、東北大学の小林教授をはじめとする研究チームは、2018 年の国際燃焼学会（The Combustion Institute）の全体会議招待講演のスピーカーとして招待され、「Science and technology of ammonia combustion」「Proceedings of the Combustion Institute」37（1）pp.109（2019）と題する講演を行った。また、日本燃焼学会は、この講演内容に対して 2019 年度論文賞を授与した。

12　NH3 ガスのみを螺旋状の溝から噴出させて燃焼させるバーナ。

13　1 次燃焼領域で NH3 をやや過濃燃焼させ、2 次燃焼領域で空気希釈し、かつ NH3 の分解により生成した H2 を燃焼させる方法。

14　小林秀昭、早川晃弘「アンモニア燃焼研究の意義とインパクト」、『日本燃焼学会誌　第 61 巻 198 号』pp.277-282（2019 年）

15　壹岐典彦「小型ガスタービンにおけるアンモニア燃料実証試験」、『日本燃焼学会誌　第 61 巻 198 号』pp.283-288（2019 年）

16　混焼率は熱量ベース。以下、混焼率に係る記述は同じベースで記述。

17　IHI　プレスリリース「2000kW 級ガスタービンで世界初のアンモニア混焼を実証」（2018 年 4 月 18 日付）
http://www.ihi.co.jp/ihi/all_news/2018/technology/2018-4-18/index.html

18　伊藤慎太郎、内田正宏、須田俊之、藤森俊郎「2 MW 級ガスタービンによるアンモニア / 天然ガス混焼発電実証試験」、『日本燃焼学会誌　第 61 巻 198 号』pp.289-292（2019 年）

19　三菱パワー　ニュース「大型高効率ガスタービンで水素 30％混焼試験に成功　発電時の CO2 排出削減に貢献」（2018 年 1 月 19 日付）https://www.mhps.com/jp/news/20180119.html

20　野勢正和、荒木秀文、仙波範明、古市裕之、谷村聡「発電用大型ガスタービンにおけるアンモニア利用技術の開発」、『日本燃焼学会誌　第 61 巻 198 号』pp.293-298（2019 年）

21　福井淳平、中塚記章、泰中一樹、東野秀隆、林潤、赤松史光「層流対向流場において水素拡散火炎により保炎される微粉炭粒子とアンモニアの混焼挙動」、日本燃焼学会第 54 回燃焼シンポジウム報告 C334（2016 年 11 月）

22　木本政義、山本晃、小沢靖、原三郎「微粉炭ボイラに適用可能なアンモニア混焼技術」、『日本燃焼学会誌　第 61 巻 198 号』pp.299-303（2019 年）

23　谷川博昭、大内優「水島発電所 2 号機でのアンモニア混焼試験―アンモニアの発電利用に関する事業性評価　」、『電気評論　2018 年 4 月号』pp.52-55

24　吉崎司「水島発電所 2 号機におけるアンモニア混焼試験」、『日本燃焼学会誌　第 61 巻 198 号』pp.309-312（2019 年）

25　迫谷章「中国電力における技術革新のあゆみ」、『電気評論　2018 年 1 月号』pp.138-152（2018 年）

26　伊藤隆政、張聚偉、石原咲子、須田俊之、藤森俊郎「微粉炭アンモニア混合燃焼技術の開発と数値解析を用いたボイラ性能評価」、『日本燃焼学会誌　第 61 巻 198 号』pp.304-

308（2019 年）

27 村井隆一、中塚記章、東野秀隆、赤松史光「工業炉におけるアンモニア直接燃焼に関する研究」、『日本燃焼学会誌　第 61 巻 198 号』pp.320-325（2019 年）

28 沼田真明、松田泰三、萩原義之、山本康之「『アンモニア燃焼炉の技術開発』衝突噴流式アンモニア混焼脱脂バーナの技術開発」、『日本燃焼学会誌　第 61 巻 198 号』pp.326-330（2019 年）

29 JST　プレスリリース「アンモニアを直接燃料とした燃料電池による発電」（2015 年 7 月 22 日付）
http://www.jst.go.jp/pr/announce/20150722-6/index.html

30 IHI　ニュース「アンモニアを燃料とした燃料電池システムによる 1 kW の発電に成功」（2018 年 5 月 16 日付）
http://www.ihi.co.jp/ihi/all_news/2018/technology/2018-5-16/index.html

31 例えば、岡崎健・東京工業大学特命教授の考察（「カーボンリサイクルと有効利用に関する一考察」、『エネルギーと動力　No.293　2019 年秋季号』）などを参照。

32 日本エネルギー経済研究所「CCS・EOR 技術を軸とした CO2 フリーアンモニアの事業性評価」（2019 年 1 月）

33 この調査研究でエネ研は、NH3 の混焼の導入が想定できる発電所の条件として、①発電所全体の能力が 100 万 kW 以上でかつ発電機 1 基が 50 万 kW 以上であること（現状の最新技術が用いられており、熱効率が高い）、②使用年数が 40 年を超えていないこと（できれば 30 年を超えない）、③受入設備の建設、特に大型船の接岸が可能であること――を設定して対象発電所を想定している。

34 中国では、国内に豊富に存在する石炭を利用し、石炭から原料の水素を製造している。

35 CCS に要するコストについては、経済産業省資料「CCS 研究開発・実証関連事業／CO2 貯留適地の調査事業について」（2019 年 6 月）によると、7300 〜 1 万 1300 円／ t-CO2（後者は駐留地まで船による輸送が必要な場合）と試算されているが、このうち 4200 円／ t-CO2 が排ガスからの CO2 の分離回収・昇圧に要するコストである。NH3 の製造プロセスから排出される CO2 については、本文中に記した理由でこの分離回収に要するコストがほぼ不要となる。
また、同様の結果は、IPCC による調査分析「Carbon Dioxide Capture and Storage」（2005 年 9 月）でも示されており、発電所排ガスから排出される CO2 の CCS コストが 15 〜 75US ＄／ t-CO2 であるのに対し、NH3 の製造プロセスから排出される CO2 の CCS コストは 5 〜 55US ＄／ t-CO2 と報告されている。

36 水の再エネ電力による電気分解による水素製造が一般的だが、中長期的には、太陽熱などの高温熱源を利用した水の熱分解による水素製造も考えられる。

37 欧州では、安価な余剰風力エネルギーを利用して、それを水素の形に変え、貯蔵し、必要な際に水素をエネルギー源として利用するということが考えられている（P2G）。このなかで貯蔵する水素の量が大量となる場合、水素を長距離輸送して利用する場合には、NH3 に転換して貯蔵・輸送・利用することも考えられている（これも P2G の一形態）。

38 BASF が YARA との共同出資で米国テキサス州フリ　ヽントに建設し、2018 年 4 月に操業開始した年産 75 万 t の副生水素を原料とする NH3 プラント。BASF（ドイツ）は、世界最大の化学メーカー、YARA（ノルウェー）世界最大の NH3 メーカーである。

39 産総研　研究成果記事「低温・低圧でアンモニアを合成する触媒の開発」（2018 年 5 月 28 日付）
https://www.aist.go.jp/aist_j/press_release/pr2018/pr20180528/pr20180528.html

40 日揮　プレスリリース「再生可能エネルギー由来の水素を用いたアンモニア合成と発電に世界で初めて成功」（2018 年 10 月 19 日付）　https://www.jgc.com/jp/news/assets/pdf/20181019.pdf
41 NH3 専焼発電の発電効率を 60%、稼働率 80% と仮定。
42 この 300 万 t という量は、政府の「統合イノベーション戦略」（2019 年 6 月、2020 年 7 月閣議決定）で 2030 年の CO2 フリー NH3 の導入目標量として掲げられている。
43 日本エネルギー経済研究所「CCS・EOR 技術を軸とした CO2 フリーアンモニアの事業性評価」（2019 年 1 月）。なお、この報告書では、NH3 輸入量が約 500 万 t となる場合の分析も行っており、その場合、外航船タンカー 12 隻、内航タンカー 7 隻の運用で実行可能と分析している。
44 Nm3 とは、0℃・1 気圧のもとでの体積。
45 ここでの「将来」とは、資源エネルギー庁によると 2050 年頃を指すと説明されている。
46 International Fertilizer Industry Association「Energy Efficiency and CO2 Emissions in Ammonia Production 2008-2009 Summary Report」（2009 年 9 月）。 この調査は、世界の NH3 生産能力の約 1/4 に当たる製造プラントをカバーしている。
47 まだ、こうした方式による NH3 製造プラント数が少ないため、CH4 を原料とする製造プラントのケースほどの精度はないものの、こちらも NH3 の合成反応式「1/2N2 ＋ 3/2H2 → NH3」と電解水素製造のエネルギー効率から、おおよその NH3 製造コストは推計可能である。
48 IEA「The Future of Hydrogen」Figure 42（2019 年 6 月）。なお、ここでは、再エネ水素を製造する際の電解設備の稼働時間が年間 5000 時間以上あること、電解技術設備の CAPEX が今後の技術進歩によって現状よりも 50% 低下し、効率が 15% 改善することが前提とされている。
49 IEA の分析結果の図では、CCS ではなく CCUS（Carbon capture, utilization and storage：CO2 回収・貯留・利用）と記されているが、この分析では「utilization（利用）」は考慮されていないので、ここでは CCS と同義であると考えられる。
50 このコストの水準は、（当然のことながら）前述の 3．4．4（1）で記した推計値とほぼ整合している。
51 この NH3 製造プラントからの CCS コストの推定値については、CCS 技術の専門機関である Global CCS Institute は、「Global Costs of Carbon Capture and Storage 2017 Update」（2017 年 6 月）において約 30 ＄／t-CO2（50 ＄／t-NH3）と推定している。この場合、CO2 フリー NH3 の製造コストは、270 ＄／t-NH3 程度になる可能性がある。
52 日本エネルギー経済研究所「CCS・EOR を軸とした CO2 フリー NH3 のサプライチェーンに関する事業性評価」（2019 年 2 月）
53 前述のとおり、NH3 の製造 1 t 当たり約 1.6 t の CO2 が利用可能となるため。
54 IEA「The Future of Hydrogen」（2019 年 6 月）内の図 31 を参照。
55 IEA によると、再エネ水素からの NH3 の製造コストは、長期的には 1/2 以下に低下するとみられている（「The Future of Hydrogen」内の図 22 を参照）。
56 Akito Ozawa, Yuki Kudoh, Naomi Kitagawa, Ryoji Muramatsu「Life Cycle CO2 emissions from power generation using hydrogen energy carriers」、『International Journal of Hydrogen Energy, 44』11219-11232（2019 年）
57 この状態の水素から得られるエネルギー量は、同じ体積のガソリンから得られるエネルギー量の 1/7 程度。
58 　水素・燃料電池戦略協議会「水素・燃料電池戦略ロードマップ」（2019 年 3 月）
59 NEDO　ニュースリリース「世界初、水素を輸送する国際実証試験を本格開始」（2020 年

6月25日付）
https://www.nedo.go.jp/news/press/AA5_101322.html

60 MCH の脱水素反応は吸熱反応のため、3．5．1（2）で述べたように相当量のエネルギーを要する。また、水素の気化熱は小さいが、所要の速度で気化させるためには一定量のエネルギーの投入が必要。

61 発電効率が1％低下すると年間の燃料代が億円単位で増加するといわれている。

62 IEA「The Future of Hydrogen」（2019年6月）の第3章を参照。

63 Akito Ozawa, Yuki Kudoh, Naomi Kitagawa, Ryoji Muramatsu「Life Cycle CO2 emissions from power generation using hydrogen energy carriers」、『International Journal of Hydrogen Energy, 44』11219-11232（2019年）

64 IEA「The Future of Hydrogen」（2019年6月）の第3章を参照。

65 グリーンアンモニアコンソーシアム　https://greenammonia.org/ を参照。

66 2019年6月、2020年7月閣議決定。この「統合イノベーション戦略」では、2030年までに300万tのCO2フリー NH3を導入することが目標として掲げられている。

67 IEA が、水素エネルギーに関する初めての包括的レポートとして2019年6月に公表したもの。このレポートでは、「水素ベース燃料」のなかで NH3は輸送性に優れているため、水素エネルギーの製造コストが安価な地域から（日本のような）遠隔の地に水素エネルギーを輸送し、利用する場合は、CO2フリー NH3の形での利用がコスト面で優位性があること、さらには SIP「エネルギーキャリア」の研究開発成果に着目して、CO2フリー NH3は、世界の石炭火力発電を含む発電用途向けの有望な CO2フリー燃料となることが記述されている。このレポートの概要については、国際環境経済研究所のウェブサイトに掲載された解説記事、塩沢文朗「IEA の水素レポート "The Future of Hydrogen"」（2019年7月24日付）http://ieei.or.jp/2019/07/expl190724/ を参照。

68 IEA のこのレポートでは、「水素キャリア」を水素の輸送・貯蔵を容易にするための手段という意味で用いていて、水素キャリアとして、液化水素、NH3、液体有機水素キャリア（LOHCs、MCH を指すと考えてよい）が取り上げられている。また、「水素ベース燃料」としては、合成メタン、合成液化燃料、メタノール、そして NH3を取り上げている。

69 The Royal Society「Ammonia: zero-carbon fertilizer, fuel and energy store」（2020年2月）

70 Rystad Energy newsletter「Ammonia producers dominate hydrogen pilot projects in Australia」（2020年4月）

71 NEOM は、サウジアラビア王国が推進する新産業都市形開発プロジェクトで、新たな生活様式を最先端のテクノロジーによって実現することが謳われており、消費電力は、太陽光や風力など再生可能エネルギーに100％依存、全面的な e‐ガバナンスの実現、ネットゼロカーボン・ハウスを標準とする建物などを基盤する新都市の構築に取り組んでいる。サウジアラビアの政府ファンドである公的投資基金（PIF）を事業資金とする事業主体が設立されている。

72 サウジアラビアのリヤドに本社を置く電力会社。

73 なお、ここでいう"グリーン""ブルー"は通称である。世界では、水素エネルギーの製造方法にはさまざまなものがあることから、水素エネルギー製造時に排出される CO2の量に着目して、"グリーン""ブルー""グレー"などの区分を設けることが必要との問題意識が高まっているが、現在までのところ、これらに関する世界で合意された定義はできていない。

74 JERA は、東京電力ホールディングスと中部電力の火力発電事業を統合した会社で、日本の電力の約3割を発電している国内最大の火力発電会社。

75 第2回石炭火力発電輸出への公的支援に関する有識者ファクト検討会での JERA 提出資料

「当社事業のご紹介と石炭火力輸出に対するスタンス」（2020 年 4 月）　https://www.env.go.jp/earth/ 資料 %EF%BC%93%EF%BC%8D%EF%BC%95%20%28 株 %29JERA 提出資料及び質疑回答 .pdf

76　この CO2 フリー NH3 の市場として、NH3 の直接利用が可能な発電用途ではなく、輸送のあと NH3 を分解し、水素の形で販売することが必要な自動車燃料市場を狙っているのは、現段階では自動車燃料市場の水素価格が高水準にあるので、分解に要する手間とコストをかけてもそのほうが利益の幅が大きいと、エアープロダクツが判断しているからといわれている。

77　より正確には、以下のとおり。
「温室効果ガス削減戦略」（2018 年 4 月）においては、2008 年を基準年として、「2030 年までに国際海運全体の燃費効率（輸送量あたりの温室効果ガス排出量）を 40％以上改善すること」「2050 年までに国際海運からの温室効果ガス総排出量を 50％以上削減すること」「21 世紀中なるべく早期に温室効果ガス排出ゼロを目指すこと」を数値目標として掲げている。

78　MAN Energy Solutions「MAN ES TARGETS 2024 FOR DELIVERY OF FIRST AMMONIA ENGINE」（2020 年 8 月 14 日）
https://www.motorship.com/news101/alternative-fuels/man-es-targets-2024-for-delivery-of-first-ammonia-engine

79　世界最大の NH3 メーカーの YARA（本社ノルウェー）も NH3 を原料とする肥料の脱炭素化を今後の重要な取り組み課題としている。

80　日本エネルギー経済研究所「CCS ／ EOR 技術を軸とした CO2 フリー NH3 の事業性評価」（2019 年 1 月）

81　国内で、石炭、石油、原子力、水力、太陽光、風力、地熱などの発電設備を利用して、最小費用で電源部門における 2030 年度の CO2 排出削減目標（2013 年度比マイナス 38％）を達成できる電源構成を、エネ研の電源構成モデルで分析。このうち石炭火力については、NH3 混焼の導入が想定可能な石炭火力発電設備（7 発電所の 21 基＜出力 16.8GW ＞）で 20％の NH3 混焼を行うケースを設備構成に含めて分析し、そこで必要となる NH3 の量を算出している。

82　なお、バリューチェーンの構築に要する初期投資額が大きくなるのは、水素エネルギー全般に共通する問題である。これは、水素エネルギーは化石エネルギー（炭化水素系のエネルギー）に比べて体積当たりの含有エネルギー量が小さいために、整備が必要となるバリューチェーンの規模が大きくなるため。そのなかでも NH3 は、体積エネルギー密度が最も大きく、また、既存の輸送・貯蔵インフラが利用できることから、バリューチェーン構築に必要となる投資額は、ほかと比べると小さくて済む。

83　佐野史典、秋元圭吾、本間隆嗣、徳重功子「日本の 2030 年温室効果ガス排出削減目標の評価」、『エネルギー・資源学会論文誌　Vol.37 No. 1』pp.51-60（2016 年）

84　プロジェクトリーダーは住友化学顧問・中江清彦「太陽エネルギーの化学エネルギーへの変換と利用」の研究報告は、2013 年 2 月に COCN から公表されている。http://www.cocn.jp/report/4af1702aa6bbbac302f21d6dbc1bea54389c47e4.pdf

85　「アンモニア直接燃焼の社会実装に向けた取組み」、『日本燃焼学会誌』（2019 年 11 月）

86　SIP「研究成果」
https://www.jst.go.jp/sip/k04.html

87　第 1 期 WE-NET（1993 〜 1998 年）、第 2 期 WE-NET（1999 〜 2002 年）。

88　「水素利用国際グリーンエネルギーシステム技術（WE-NET）プロジェクトの成立経緯と今後の進め方について」（座談会）、『季刊　エネルギー総合工学　Vol.17 No. 2』（1994 年 7 月）

による。なお、ここで引用されている NEDO の WE-NET 第一期基本計画の文章や用語は、
一部おかしなところがあるが、ここでは前述の文献に記されているとおりに記載している。
89 WE-NET についての経緯や成果については以下のウェブサイトなどを参照。
https://www.enaa.or.jp/WE-NET/newinfo/station_taka_j.html

３.３で記した内容に関して、より技術的に詳細な解説を求める方は、『日本燃焼学会誌　第61
巻 198号』（2019年 11月）の特集「アンモニア直接燃焼の社会実装に向けた取り組み」を参
照されたい。この特集では、実際に研究開発に携わった研究者が担当した研究開発の内容と成
果を報告している。

第４章

脱炭素社会の電源構成についてのシミュレーション

4.1　シミュレーションの目的

　「電気の一次エネルギー化」のもとで、日本のエネルギー供給はどのようになるかを考察する。日本の人口は既にピークを過ぎ、人口減少時代に入っている。人口減少に伴いエネルギー需要も減少していくと想定されるが、脱炭素社会においては、エネルギーの大半が電気由来となるので、電気の需要は大きく増加することになる。

　『Utility3.0 本』でも、そのような将来の姿を示している。図表 1-2 がそれに該当する。2050 年断面で人口は、現状（『Utility3.0 本』では 2013 年）から 20％減少する。この人口規模のもとで、現在、商業ベースに乗っている電力利用技術だけを前提に最大限の電化を行った姿を概算すると、最終エネルギー消費は、現在からほぼ半減する一方、電力需要は、現在から 25％程度増加して年間約 1.2 兆 kWh になり、エネルギー起源の CO_2 排出量は 70％程度減少する。この姿に加えて、脱炭素社会を目指し、電化・間接電化をさらに推進することを想定すれば、非化石発電による電気がますます大量に必要になる。この大量の CO_2 フリー電気をどのように確保するかが大きな課題となる。

　シミュレーションの対象とする技術は、CO_2 フリー電気を供給し得る発電技術として、PV、風力発電、原子力発電、水力発電、非化石燃料による火力発電、並びに蓄電技術として揚水発電及び蓄電池である。電気には、需要と同量の供給が常に必要という物理的な制約（同時同量の制約）があるので、自然変動性のある PV、風力発電を大量に導入する場合には、これらの蓄電技術を有効に活用できる。これらの発電技術、蓄電技術をどのように組み合わせれば、経済的に大量の CO_2 フリー電気を供給できるかを検討してみた。

4.2　シミュレーションの前提

　シミュレーションの主要な前提は次のとおりである。

* 電力需要は年間 1.2 兆 kWh とする。これは、『Utility3.0 本』で示した、現在、商業ベースに乗っている電力利用技術だけを前提として可能な限り最終需要を電化した場合の消費電力量である。したがって、間接電化など『Utility3.0 本』の前提を超える電化を想定すると、電力需要はさらに増加することに留意が必要である。

* 電力需要の 1 年 8760 時間の変動パターンは、2018 年度における全国の実績カーブを比例拡大させたものを用いる。

* PV、風力発電の導入可能量は、環境省の「令和元年度再生可能エネルギーに関するゾーニング基礎情報等の整備・公開等に関する委託業務報告書」の導入可能量を上限とする。すなわち、PV は、設備容量で約 4.1 億 kW、発電量で約 5000 億 kWh、風力発電（陸上、洋上合計）は設備容量で約 6.2 億 kW、発電量で約 2 兆 kWh である。

* それぞれの技術のコスト諸元は、次頁の図表 4-1 のとおりとする。参考にした文献は、章末に記す。

図表 4-1　それぞれの技術のコスト諸元

	建設単価	稼働年数	その他経費	年経費	燃料費	kWh 単価
太陽光発電 （PV）	18 万円／ kW	30 年	1,440 円／ 年／ kW	7,440 円／ 年／ kW	－	7.1 円／ kWh @設備利用 率 12%の 場合
風力発電	30 万円／ kW	20 年	9,000 円／ 年／ kW	24,000 円 ／年／ kW	－	6.5 円／ kWh @設備利用 率 40%の 場合
蓄電池	1 万円／ kWh	15 年	100 円／年 ／ kWh	767 円／年 ／ kWh		
水力発電	－	－	－	－	－	10.8 円／ kWh
揚水発電	20 万円／ kW			1.2 万円／ 年／ kW		設備利用率 に依存
原子力発電	－	－	－	－	1.5 円／ kWh	7.9 円／ kWh @ 設備利用 率 80%
非化石燃料 による 火力発電 （水素発電）	12 万円／ kW	40 年	2,952 円／ 年／ kW	5,952 円／ 年／ kW	16.6 円／ kWh	設備利用率 に依存

出所：章末の文献を参考に筆者作成

* 水力発電は、年間を通じて一定出力（1000 万 kW）を維持するものとする。年間発電量は 876 億 kWh となる。また、揚水発電は、現状の設備量 2700 万 kW を維持するものとする。

* 出力が変動する PV と風力発電の発電パターンは、2018 年の実績をそのまま用いる。設備量の増加に伴い比例拡大させる。

4.3　再エネ100%の現実性を評価する

　前節の前提に立ったうえで、再エネ 100％の電力供給の可能性を検討してみる。図表 4-2 の上に掲げたケース①のように、PV を 2 億 kW、風力

発電を3億kW設置すれば、1年間の合計では電力総需要1.2兆kWhにほぼ匹敵する発電電力量を得ることは可能である。

　しかし、電気には需要と供給の同時同量が求められる物理的制約があり、時間帯ごとに生じる電力の需給ギャップを蓄電池の充放電などを用いて補わなければ、電気の安定供給を果たすことはできない。図表4-3は、このシミュレーションに用いたPVと風力発電の発電パターンの一部である。風力の出力が低下している時期のものであり、供給力不足が生じていることがわかる。

　このような、需給運用ギャップを埋めるための蓄電池の設置量は、図表4-2のケース①に示したとおり910億kWhと膨大なものになる。発電単価では年平均で60円／kWhを超える水準となり、現実的とは言い難い。他方、図表4-2下のケース②は、蓄電池の設置量を抑制する代わりに風力発電の設置量を大幅に増やして、余剰電力が生じる時間帯に出力抑制を多

図表 4-2　再エネ 100％を満たす電源構成の例

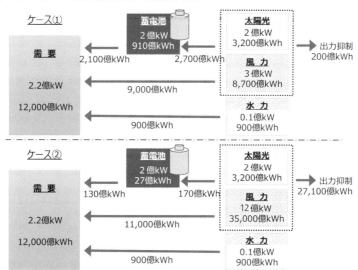

注）合計の不一致は四捨五入による（以下同じ）
出所：筆者作成

図表 4-3　PV を2億 kW、風力発電を3億 kW の発電パターンの一断面と需要との比

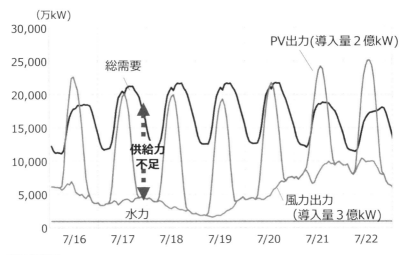

出所：筆者作成

図表 4-4　風力発電と蓄電池のコスト評価

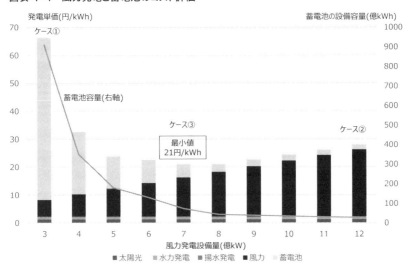

出所：筆者作成

用することで、同時同量の制約をクリアした場合である。この場合は、風力発電の設置量が膨大で、環境省の導入可能量を大幅に超過していることに加え、出力抑制された電力量が日本の総電力需要の2倍以上になる結果となる。

　次に、PV の設置量を2億 kW で固定したうえで、風力発電の設置量を変動させ、感度分析を行った。風力発電の設置量を変化させると、需給運用に必要な蓄電池の設置量が変化し、発電単価も変動する。その結果を図表 4-4 に示す。風力発電の設置量を7億 kW としたときに、発電単価は 21 円／ kWh で最小となる（ケース③）。

4.4　非化石燃料による火力発電の意義

　PV を2億 kW、風力発電を3億 kW で固定し、非化石燃料による火力発電を導入する感度分析を行った。非化石燃料による火力発電については、水素キャリアとしてアンモニアを用いる火力発電の有望性を第3章で紹介しているが、ここでは、既存文献からデータが入手可能な水素発電の諸元を用いる。水素発電の出力をコントロールすることにより、自然変動性の再エネの出力変動を吸収し、蓄電池の設置量を減らすことができる。ここで前提としている水素発電の燃料費は 16.6 円／ kWh と LNG 火力の燃料費よりもかなり割高であるが、調整用電源として活用して割高な蓄電池の設置量を減らすメリットが大きく、発電単価は大きく低減される。感度分析の結果、水素発電を 1.2 億 kW 設置したとき（ケース④）が、発電単価は最小となる（11.2 円／ kWh）。図表 4-5 に感度分析の結果を示す。また、ケース④の電源構成を図表 4-6 示す。このケースでは、水素発電は調整用電源として活用されるため、設備利用率は 14％と高くない。

　なお、このシミュレーションで前提としている水素発電の燃料費 16.6 円／ kWh は、政府が 2020 年代の後半に実現を目指している目標の水素価格 30 円／ Nm^3 に相当する水準である。水素価格が目標価格の 1.5 倍（45

図表 4-5　水素発電と蓄電池のコスト評価

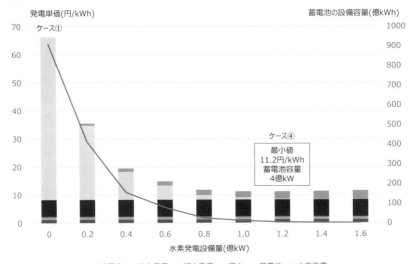

出所：筆者作成

図表 4-6　水素発電導入時の最適な電源構成

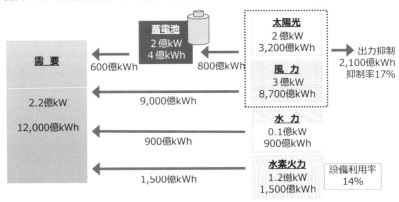

出所：筆者作成

図表 4-7　水素価格が変動する場合の影響分析

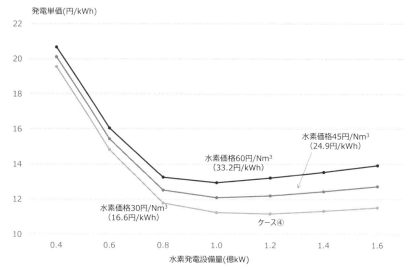

出所：筆者作成

円／Nm³）、2倍（60円／Nm³）となった場合に、図表4-5の感度分析結果が、どのように変化するかを図表4-7に示した。水素価格が政府目標の1.5倍、2倍であっても、水素発電を導入すれば蓄電池の設置量を減少させ、発電単価が引き下げられることがわかる。

4.5　原子力発電の意義

　前項のケース④に、さらに原子力発電を導入してみる。PV 2億kWは固定し、原子力発電の導入量を増やしていくと、風力発電と水素発電を原子力発電により置換することができ、8000万kW導入したケース（ケース⑤）で発電単価は最小になる（9.3円／kWh）。感度分析の結果を図表4-9に示す。また、ケース⑤の電源構成を図表4-9に示す。

　なお、原子力発電は、安全対策により設備費用が増加しているが、固定

図表 4-8　水素発電、風力発電と原子力のコスト評価

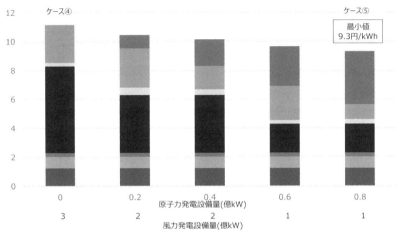

発電単価(円/kWh)

出所：筆者作成

図表 4-9　水素発電・原子力導入時の最適な電源構成

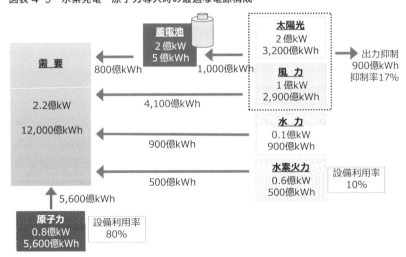

出所：筆者作成

図表 4-10　原子力固定費が変動する場合の影響分析

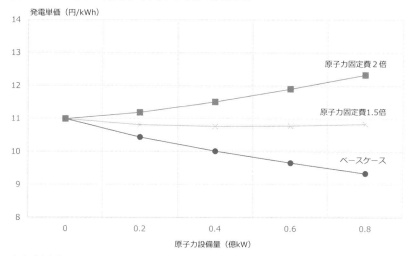

出所：筆者作成

費がシミュレーションの前提の 1.5 倍、2 倍となった場合に、図表 4-8 の
感度分析結果がどのように変化するかを図表 4-10 に示した。原子力発電
の固定費が 1.5 倍未満の場合は、原子力を導入することで、発電単価を引
き下げる効果が認められる。

4.6　まとめ

　脱炭素社会のエネルギーシステムには、大量の CO_2 フリー電気が必要
である。それを供給するための発電技術と蓄電技術の組み合わせについて、
経済性を評価するシミュレーションを試みた。自然変動性の再エネと蓄電
池だけでは、発電単価は高止まりする可能性が高く、非化石燃料による火
力発電と原子力も組み合わせることにより、発電単価を抑制することが可
能になる。水素キャリアとしてのアンモニアの有望性を本書では説明した
が、火力発電の燃料としてアンモニアの可能性を追求する意義がここでも

確認できる。

　なお、このシミュレーションでは、水素発電の燃料費は政府の目標に整合しているものの、火力発電燃料の価格水準としては高めであるため調整用電源として活用する結果となっているが、さらに安価に燃料が製造できる場合には、ベース電源の一翼を担う可能性もあると考えられる。

［参考文献］
経済産業省　総合資源エネルギー調査会　基本政策分科会　長期エネルギー需給見通し小委員会（第9回）資料 2-1「長期エネルギー需給見通し小委員会に対する発電コスト等の検証に関する報告」（2015 年9月）
経済産業省　水素・燃料電池戦略協議会ワーキンググループ（第4回）資料2「水素発電について」（2014 年3月）
松尾雄司ほか、第 34 回エネルギーシステム・経済コンファレンス講演論文集 24-5「2050 年の発電部門ゼロ・エミッション化に向けた検討」（2018 年1月）

おわりに

　本書執筆の構想は、2020年の8月にさかのぼる——。

　当時の日本の気候変動対策の課題は、「2050年までに温室効果ガスの排出を80%削減する」という国連に提出した「パリ協定に基づく成長戦略としての長期戦略」の目標の実現に向け、そのアプローチの方向性を明らかにすることであったと思う。それはそれで「はじめに」で記したように、「非連続なイノベーションなしでは実現困難」な目標であった。

　その長期目標の実現のためのひとつの処方箋として、本書の筆者も参加した『エネルギー産業の2050年　Utility 3.0へのゲームチェンジ』が、

　　　（発電の脱炭素化）×（需要の電化・水素化）＝（脱炭素社会）

というコンセプトに立って2017年に上梓されている。しかし同書では、そのコンセプトの重要な要素の水素エネルギーについての記述が限られたものにとどまっていたことは、「はじめに」で戸田直樹氏が記したとおりである。

　私（塩沢）は、化学のバックグラウンドを持ち、内閣府の戦略的イノベーション創造プログラム（SIP）「エネルギーキャリア」を通じて、水素エネルギーとそのキャリアについて勉強をする機会を得たのだが、かつて、こんな経験をしたことがある。ちょっとご紹介したい。

　2018年のことになるが、配送電分野の技術者や電気自動車関連の技術者、つまり電子・電気工学、情報システム工学、配電制御技術の専門家が集まる研究会での経験である。その研究会で水素エネルギーについて話をするよう頼まれた。しかし、最初のうちは、水素エネルギーを主として蓄電手段として見ていたそれらの専門家と、電力の脱炭素化の手段として見ていた私との間で、議論がまったくといってよいほど噛み合わない。話に出てくる用語や略語にいたっては、お互いにちんぷんかんぷんといった状況であった。最終的には、お互いがそれまであまり考えてこなかったことについて、双方で理解が深まり、有意義な意見交換ができたのだが、考え

てみれば、こういった専門家の方々が、私のような化学には知識があるが、電気やシステムにまったく弱い人間と、将来のエネルギーシステムのあり方について議論したことが、これまでどれほどあったのだろうか。それを機に、私は、日本の新たなエネルギーシステムを構築していくためには、従来の産業や技術間の垣根を越えた、「総合的」な検討を行うことが必要と強く考えるようになった。

そんな折、前述の『エネルギー産業の 2050 年　Utility 3.0 へのゲームチェンジ』の筆者の一人からの紹介がきっかけとなり、本書の筆者の 3 名、電力と水素エネルギーという異分野のバックグラウンドを持つ者たちが出会う機会を得た。そして、その 3 名で意見交換を重ねる中で出てきたのが、本書の執筆構想である。

その後、2020 年の 10 月末に、菅首相によって「2050 年カーボンニュートラル、脱炭素社会の実現を目指す」旨の宣言が行われ、それをきっかけとして、脱炭素社会を構築するための具体的な方策として、電化の推進と水素エネルギーの導入の重要性が急速にクローズアップされるようになった。

こうした状況の中で本書は、電力と水素エネルギーの両分野の専門家の参加を得て、『エネルギー産業の 2050 年　Utility 3.0 へのゲームチェンジ』で提示したコンセプト、すなわち、電化の推進と水素エネルギーの導入の具体的方策などについて解説したタイムリーなものとなったと思う。なかでも民生（家庭・業務）部門の電化による脱炭素化の可能性についての網羅的な情報は、脱炭素化社会における電力システム自体の役割の進化の将来像に係る情報とともに参考になるものと思う。また、水素エネルギーについては、その大量導入手段として、最近注目を集めているアンモニア（NH_3）についての総合的な解説を提供するものとなっており、これも読者のニーズに応えるものになったのではないかと思う。

ただ、本書の内容は、まだプリミティブなものにとどまっていると私も自覚している。特に、産業分野の脱炭素化の方策については、関係する技

術分野の専門家の参加を得て、さらに掘り下げた検討を行うことが必要だろう。また、IoT技術の進展と普及によるエネルギー需要部門の境界を超えたエネルギーマネジメントの効果についての考察も、今後行っていく必要がある。

さらに、第3章でも述べたように、「エネルギー脱炭素化技術」については、その技術に関する①脱炭素化効果のスケール、②技術の成熟度、③経済性、そして④ライフサイクルで見た脱炭素化の効果についての検討を行う必要があると考えているのだが、本書では、特に③及び④の観点からの評価がほとんどできていない。

これらの問題に関する分析や検討の深掘りを含め、本書が今後の検討のたたき台となり、技術分野を超えた「総合的」な検討議論の活性化に役立てば、私たちの喜びとするところである。

最後になったが、本書の執筆が可能となった背景には、数多くの方々からの貢献と支援をいただいている。以下に、各執筆者からの謝辞を記させていただきたい。

第1章、第4章に記した内容については、難波雅之氏（東京電力ホールディングス）、篠田幸夫氏（同）、小林直樹氏（同）に多大なご協力をいただいている。

第2章の「電化の促進」に記した内容では、海外での政策動向に関しては西尾健一郎氏（電力中央研究所）、P2Gに関しては、電力中央研究所の水素関連研究関係者の皆様、船舶の動向に関しては一田朋聡氏（e5ラボ）、末次康将氏（同）、レジリエンスに関しては木村彰宏氏（損害保険ジャパン）、後藤知彦氏（東京電力ホールディングス）、三井博隆氏（同）、東内正春氏（同）、佐藤洋二氏（同）、亀田健一氏（東京電力エナジーパートナー）をはじめとする関係者の方々からいただいた情報をもとにまとめたものである。

第3章の「水素エネルギーとアンモニア」に記したことの多くは、内閣

府の戦略的イノベーション創造プログラム（SIP）「エネルギーキャリア」（2014 ～ 2018 年度）の成果である。世界でも注目されるこれらの成果を挙げることができたのは、同プロジェクトのプログラム・ディレクター（PD）を務められた村木茂氏（東京ガスアドバイザー）、私とともにサブ PD を務めた秋鹿研一氏（東京工業大学名誉教授）をはじめ、各研究テーマの研究責任者、研究者の方々、そして同プロジェクトの事務局の科学技術振興機構（JST）のスタッフ、そして内閣府をはじめとする関係府省の方々のおかげである。

　また、脱炭素社会への道を切り拓くプロジェクトということで、会社の事業とは直接関りがないにもかかわらず、アンモニアをはじめとするエネルギーキャリアの利用と開発に関するプロジェクトに私が従事することを快く許容していただいた住友化学に対し、この機会に深く感謝を申し上げたい。また、同社の黒田俊也氏には、執筆内容に係るさまざまな技術的支援をいただいた。

　エネルギーフォーラムの井関晶氏、山田衆三氏には、本書の刊行に大きなご支援とご協力をいただいた。本書の構想から比較的短期間で本書の刊行ができたのは、両氏のご尽力のおかげである。

　なお、本書に記した意見などは、筆者個人のものであり、筆者の所属する組織の意見を代表するものではないことをお断りしておきたい。

2020 年 12 月吉日
筆者を代表して　塩沢 文朗

〈執筆者紹介〉

戸田 直樹 （第1章、第4章を担当）

東京電力ホールディングス株式会社　経営技術戦略研究所　経営戦略調査室　チーフエコノミスト

1985年、東京大学工学部卒業。東京電力（現：東京電力ホールディングス）入社。2009年から2年間、電力中央研究所社会経済研究所派遣（上席研究員）、2015年より東京電力ホールディングス経営技術戦略研究所経営戦略調査室長、2016年より現職。主な著書は、『電力システム改革の検証（共著、2015年、白桃書房）』『エネルギー産業の2050年 Utility3.0へのゲームチェンジ（共著、2017年、日本経済新聞出版社）』『公益事業の変容　持続可能性を超えて（共著、2020年、関西学院大学出版会）』

矢田部 隆志 （第2章を担当）

東京電力ホールディングス株式会社　技術戦略ユニット技術統括室　プロデューサー

1994年、青山学院大学大学院理工学専攻機械工学専攻修了。東京電力（現：東京電力ホールディングス）入社。2004年から4年間、財団法人ヒートポンプ・蓄熱センターに派遣され、電力負荷平準化機器・システムの開発・普及促進や省エネ技術であるヒートポンプの普及促進に従事。水素社会の実現に向けた東京推進会議委員、産業電化研究会委員、エネルギー・環境技術のポテンシャル・実用化評価検討会臨時委員などにも委嘱される。2018年より現職。主として東京電力グループでのエネルギー利用技術・電化の方策策定に従事。著書に『図解ヒートポンプ（2005年、オーム社）』など

塩沢 文朗 （第3章、第2章の一部を担当）

住友化学株式会社　主幹、元内閣府の戦略的イノベーション創造プログラム（SIP）「エネルギーキャリア」　サブ・プログラムディレクター（サブPD）

1977年、横浜国立大学大学院工学研究科化学工学専攻修了。1984年、スタンフォード大学大学院コミュニケーション学部修了（M.A.）。1977年、通商産業省（現：経済産業省）入省、経済産業省大臣官房審議官（産業技術担当）、内閣府大臣官房審議官（科学技術政策担当）を経て2006年に退官。2008年、住友化学入社、2009年、同社理事、2015年、同社主幹。2014年から2018年までSIP「エネルギーキャリア」サブPD、2018年からはSIP「IoE社会のエネルギーシステム」（エネルギーマネジメント）イノベーション戦略コーディネーター、現職

カーボンニュートラル実行戦略：電化と水素、アンモニア

2021 年 3 月 12 日　第一刷発行
2022 年 8 月 8 日　第四刷発行

著　者　戸田直樹／矢田部隆志／塩沢文朗

発行者　志賀正利

発行所　株式会社エネルギーフォーラム
　　　　〒104-0061 東京都中央区銀座 5-13-3　電話 03-5565-3500

印刷・製本所　中央精版印刷株式会社

ブックデザイン　エネルギーフォーラム デザイン室